SOUS L'ŒIL DE LA DÉESSE

Photos cahier intérieur ©Orianne Aymard sauf indication contraire

Photo de couverture : ©Pascal Tournaire

Photo 4e de couverture : ©Paulette Andreani

—

285, chemin des Chavaux, 74310 Les Houches
ISBN : 9782365451222
Dépôt légal : février 2022
—
leseditionsdumontblanc.com

ORIANNE AYMARD

SOUS L'ŒIL DE LA DÉESSE

ÉDITIONS DU MONT-BLANC
Catherine Destivelle

REMERCIEMENTS

À la MÈRE, à MA, quelles que soient ses formes – Ma Anandamayi, la Déesse Chomolungma / Sagarmatha (l'Everest) – pour me donner la force d'avancer malgré les épreuves, et pour veiller continuellement sur moi, aussi bien au sommet d'un 8000 que dans un hôpital indien.

À ma famille pour m'avoir accompagnée tout au long de cette aventure, et au-delà. Avec tout mon amour.

À Jean-Pierre Leymonie, qui a grandement œuvré à la naissance de ce livre, et Paul Pritchard pour ses précieux conseils et son enthousiasme à publier ce récit.

À mon amie de toujours, Laurence Bascle, pour m'encourager et croire en ma bonne étoile.

Mes sincères remerciements également à Guillaume Allègre, Paulette Andreani, Gaëlle Callac, Bruno Deloux, Isabelle Dubois, Chris Dunn, Juliette Goursat, Igal Kasavi, Chantal Lacomme, Dominique Lamy, Yann Le Pautremat, Prisca Leonelli,

Claude Leymonie, Pascale Lorenc, Laure Roussel, Henry Roux de Bézieux, Roger et Catherine Soole, Jean-Max et Élisabeth Tassel, Pascal Tournaire, Minh Tran Huy, Jacques Vigne, ainsi qu'aux himalayistes Russel Brice, Damien François et Élisabeth Revol. Et merci du fond du cœur à Jacques Olivier pour sa présence.

Enfin, mes remerciements les plus sincères à Catherine Destivelle pour sa confiance.

INTRODUCTION

Le verdict venait de tomber : hémorragie du lobe frontal droit. Allongée sur un lit à l'hôpital militaire indien de Dehra Dun, au pied de l'Himalaya, je regardai attentivement l'image du scanner révélant l'imposante tache de sang apparue dans mon cerveau la nuit précédente. Fiévreuse, ne sachant plus s'il s'agissait d'un mauvais rêve ou de la réalité, les questions, les doutes, les peurs m'assaillaient. « Comment cela est-il possible ? Pourquoi cela m'arrive-t-il ? Non, ce n'est pas vrai, ce n'est pas réel. Si jeune, vingt-cinq ans seulement... c'est un vrai cauchemar, je ne peux pas mourir maintenant. Ce n'est pas juste ! En Inde en plus, si loin de ma famille ! Je vais mourir. C'est la fin. » Après un dernier adieu à mes parents au téléphone, je sombrai dans un sommeil profond.

Quelques heures plus tôt, dans la nuit du 16 au 17 avril 2004, j'étais victime d'une hémorragie cérébrale à quelques mètres de la tombe (*samadhi*) de Ma Anandamayi, une sainte indienne considérée de son vivant, et encore aujourd'hui, comme une déesse, comme l'incarnation de la Mère Divine, et vénérée par des millions de personnes. De fortes convulsions m'avaient secouée violemment et avaient laissé mon corps inerte, presque sans vie. Le vieux moine de l'*ashram*, Swami Vijayananda, un médecin français d'origine juive ayant vécu en Inde pendant près de soixante ans, dont dix-huit ans en ermite dans l'Himalaya, était venu m'examiner malgré son âge très avancé. Il avait immédiatement déclenché l'alerte pour que l'on m'emmène à l'hôpital de toute urgence. Cette nuit-là, je vis la lumière. Le temps et l'espace avaient disparu pour ne faire plus qu'un. Je n'étais rien et j'étais tout à la fois. Sans même pouvoir me souvenir de mon prénom au réveil, je répétais sans cesse le mot « Présence ». C'était tout ce qui comptait. J'étais avec et dans cette Présence.

Quelques semaines plus tard, après un séjour à l'hôpital à New Delhi, un rapatriement sanitaire en France et une opération au cerveau, je me retrouvai avec ma mère dans le bureau du neurochirurgien de l'hôpital du Kremlin-Bicêtre, près de Paris. Le jugement était rendu. Je devais arrêter la plongée et ne plus me rendre en haute altitude.

Quinze ans plus tard, me voilà à 8 516 mètres, au sommet du Lhotse, quatrième plus haute montagne du monde. Face à moi, la Déesse, la Mère de l'Univers, la Mère Divine, Chomolungma, l'Everest. Je souriais. C'était une victoire sur la mort, une victoire sur moi-même.

Pourquoi ?

Au vu des indications médicales et de mes connaissances alors quasi nulles en alpinisme, rien ne laissait croire qu'un jour, je me retrouverais au sommet de l'une des plus hautes montagnes du monde. Pourtant, c'est exactement ce qui arriva. Fin 2018, face à des impasses aussi bien professionnelles que sentimentales, je me retrouvai face à un grand vide. Qu'allais-je donc faire maintenant ? Que voulais-je réellement ? Incapable de répondre à ces questions, je ressentais néanmoins l'urgence de me réinventer, de me renouveler, de renaître tout simplement. Je sentais que la vie exigeait plus, qu'elle souhaitait se manifester davantage, occuper toute la place qui lui est due, se rapprocher de moi. Il devenait impératif de me mettre en route et m'ouvrir au changement malgré les peurs, malgré les incertitudes. Pour être heureuse, je devais me laisser surprendre, être en accord avec mes vrais désirs. C'est alors que ce projet d'ascension – un rêve que j'avais bien soigneusement enfoui au fond de moi depuis longtemps, trop longtemps – refit surface avec force et ne me quitta pas. Je n'avais plus le choix. Ce projet devenait une nécessité. Peu importe où cela me conduirait, ce n'était pas tant l'objectif qui comptait, mais ce que j'allais découvrir sur moi-même. Loin d'être un moyen d'assouvir un quelconque goût du risque, cette ascension m'apparut comme une voie de libération, un chemin de réalisation intérieure.

L'idée d'écrire un livre ne vint qu'à mon retour. Au regard du déroulement de l'expédition, il me semblait essentiel d'analyser et de mieux comprendre ce qui s'était passé, de dresser une sorte de bilan à tous les niveaux, et seule l'écriture, à mon sens, pouvait remplir cette fonction. À l'instar de *When a Goddess Dies*[1], qui a suivi mon hémorragie cérébrale, ce livre devint une nécessité

1 Orianne Aymard, *When a Goddess Dies : Worshipping Ma Anandamayl after Her Death* (Oxford University Press, 2014).

pour clore l'expédition et commencer un nouveau chapitre de ma vie, m'aidant à me reconnecter à moi-même et surmonter la peur de la mort.

Habituée aux écrits académiques, où tout ce qui est d'ordre personnel est généralement mis de côté, il n'a pas été facile d'écrire un livre à la première personne et faire le récit de mon propre vécu. Il n'a pas été simple non plus de reproduire ici l'intensité de mon expérience lors de ce périple. Comment retranscrire fidèlement la profondeur des moments vécus ? Mettre des mots sur des états ressentis, parfois complexes, parfois opposés, faits de myriades d'émotions aussi intimes et paradoxales que la joie et la tristesse, la peur et la confiance, la colère et la compassion, est loin d'être évident. La difficulté à traduire ces états est telle qu'il y a nécessairement une perte dans le processus d'écriture, quelque chose qui disparaît en cours de route, comme c'est le cas pour la traduction d'un film ou le tirage d'une photo. La description faite ne peut refléter l'ensemble du vécu. C'est de l'ordre de l'« expérientiel ». Néanmoins, au travers de la description de certains événements, de paysages, d'atmosphères, de pensées, de sentiments, je pense qu'il est possible de toucher quelque chose de ces moments, de capturer une part de leur essence ; c'est ce que j'ai tenté de faire au travers de ce récit. N'ayant nullement l'intention d'écrire avant ou pendant cette expédition, je pense avoir gardé une certaine authenticité, une spontanéité face aux événements. Peut-être aurais-je inconsciemment cherché à ce que les choses se déroulent d'une tout autre manière si j'avais su préalablement que j'écrirais un livre ?

Lhotse, petite sœur de l'Everest

Pour être honnête, le Lhotse ne m'apparut pas comme une évidence comme premier 8000. Le Manaslu oui, le Cho Oyu aussi, ou l'Everest si j'en exclus le coût et la foule, mais certainement pas le Lhotse. Ne souhaitant pas attendre jusqu'en septembre pour grimper le Manaslu ou le Cho Oyu, j'en vins à me renseigner sur d'autres sommets. Bishal[2], un guide népalais avec qui j'avais effectué quelques mois auparavant l'ascension de l'Himlung (7 126 m) et en qui j'avais une totale confiance, m'appela un jour, et m'encouragea à grimper le Lhotse, m'affirmant que j'avais tout à fait le niveau.

À quoi cette montagne ressemblait-elle ? Je m'informai, regardai des photos sur Internet, et lus alors ces quelques lignes avec effroi : « Lhotse, plus difficile que l'Everest » ; « Lhotse, c'est plus technique, plus dangereux » ; « L'escalade technique dans le Couloir Ouest présente des similitudes avec le Makalu et le K2 » ; « Lhotse est une escalade difficile ». Dans son bureau à Katmandou, Norbu Sherpa, un des principaux acteurs du documentaire « Sherpa, ces héros de l'Everest », marié à la Suissesse Andrea Zimmermann, porta l'estocade : « Le Lhotse est beaucoup plus dur que l'Everest ! » Plus raide, plus technique, mêlant neige, roche et glace, le Lhotse est définitivement plus difficile et dangereux à escalader que l'Everest. Compte tenu des chutes de neige record au Népal – il n'avait pas autant neigé depuis une décennie –, c'était aussi l'année idéale pour l'escalader.

---

2 Pour des raisons de confidentialité, le nom du guide a été changé.

Sommet voisin de l'Everest, situé à la frontière entre la Chine (Tibet) et le Népal, le Lhotse est le quatrième plus haut sommet au monde après l'Everest, le K2 et le Kangchenjunga. Nul besoin de préciser que je n'envisageai pas une seule seconde d'escalader le Kangchenjunga. Et encore moins le K2 : avec plus de quatre-vingt-dix morts et moins de cinq cents personnes ayant atteint le sommet, celle que l'on surnomme à juste titre la « Montagne sauvage » ne pardonne pas aux personnes qui tentent de l'escalader. De ce point de vue, le Lhotse me semblait définitivement un très bon choix !

En raison de sa taille (8 516 m) et de sa juxtaposition à l'Everest, le Lhotse, dont le nom signifie « pic sud » en tibétain, est également appelé « la sœur siamoise de l'Everest ». Les deux montagnes sont en effet collées l'une à l'autre. Une partie de l'itinéraire normal menant à l'Everest emprunte d'ailleurs la face du Lhotse pour atteindre le col Sud (7 904 m).

Les premiers à atteindre le sommet du Lhotse sont deux Suisses, inconnus du grand public, Fritz Luchsinger et Ernst Reiss, le 18 mai 1956. La première ascension hivernale fut réalisée en 1988 par le Polonais Krzysztof Wielicki. La première femme connue pour avoir gravi le Lhotse est la Française Chantal Mauduit ; le 10 mai 1996, à l'âge de trente-deux ans, elle atteignait le sommet par la voie normale. La première descente à skis s'effectua à l'automne 2018 par les Américains Hilaree Nelson et Jim Morrison, un exploit majeur depuis la descente à skis du K2 par Bargiel.

Du fait de sa position voisine de l'Everest, qui lui fait de l'ombre, le Lhotse a souvent été négligé, à l'instar du mont

Foraker, sommet voisin du Denali, totalement oublié des grimpeurs, qui ne voient qu'à travers le plus haut sommet d'Amérique du Nord. Dans l'imaginaire collectif, le Lhotse n'est donc pas aussi « sexy » et prestigieux que l'Everest… une affaire de 300 mètres à peine. Lorsque je faisais part de mon ascension du Lhotse au camp de base de l'Everest, certains semblaient déçus, manifestant presque de la pitié pour moi : « Mais pourquoi pas l'Everest ? » me demandaient-ils, l'air désolé. Et je leur répondais : « Et pourquoi pas le Lhotse ? » Cela reflète malheureusement l'état d'esprit de certains grimpeurs, pour qui seule la hauteur de l'ascension compte.

Le Lhotse comprend trois crêtes qui descendent du sommet en coupant trois faces, nord-ouest, sud et nord-est. La face nord-ouest constitue une paroi glaciaire s'élançant sur 1 500 mètres au-dessus de la Combe Ouest (Cwm), avec des pentes entre 40 et 80 degrés. On trouve cependant des passages rocheux au niveau de la « bande jaune » dans la partie sommitale. La face sud du Lhotse, l'une des parois les plus spectaculaires de l'Himalaya, est une immense muraille de 3 500 mètres de hauteur qualifiée par Reinhold Messner de « dernier grand problème de l'Himalaya ». En effet, de nombreux alpinistes échouèrent sur ce mur cauchemardesque ; certains y perdirent la vie, comme Nicolas Jaeger en 1980, premier Français à l'Everest avec Jean Afanassieff et Pierre Mazeaud en 1978, ou le Polonais Jerzy Kukuczka en 1989, le deuxième à avoir gravi les quatorze 8000 après Messner. En 1990, il y eut l'ascension en solo du Slovène Tomo Cesen, mais celle-ci fut rapidement controversée. Le premier succès fut finalement attribué aux Russes Sergey Bershov et Gennadiy Karataev. La face nord-est, quant à elle, est la moins accessible des trois faces, expliquant le fait qu'elle soit restée intacte. Le groupe du Lhotse comprend également trois pics auxiliaires sur la crête orientale : le Lhotse central I (8 414 m), le Lhotse central II (8 372 m) et le Lhotse Shar (8 383 m).

Mais au fait, le Lhotse est-il une montagne mâle ou femelle ? La question peut sembler quelque peu incongrue, mais les montagnes sacrées du Népal ont habituellement un sexe. Et contrairement à ce que l'on pourrait penser, l'Everest est une montagne de sexe féminin. En effet, chez les Népalais, Sagarmatha signifie la « tête du ciel », et Chomolungma est la « mère de l'univers » chez les Tibétains. Le nom « Everest » ne fut attribué qu'au XIXe siècle, en hommage au géographe britannique chargé de cartographier l'Himalaya, George Everest. Le Makalu, non loin de là, est une montagne de sexe masculin ; son nom vient du sanskrit « Maha-Kala », ou le « Grand Noir », un des noms de Shiva. Malgré sa proximité avec l'Everest, « la montagne des montagnes », le Lhotse n'est pas considéré comme une montagne sacrée et n'a donc pas de sexe spécifique.

CHAPITRE 1

RETOUR AU PAYS DES NEIGES

Une fois une décision prise, l'univers conspire pour la réaliser.
Ralph Waldo Emerson

La seule chose qu'on est sûr de ne pas réussir est celle que l'on ne tente pas.
Paul-Émile Victor

Une avalanche de synchronicités

« Je n'ai pas le niveau, je ne connais rien à la haute montagne, c'est de la pure folie de se lancer dans une telle ascension ! Je n'ai grimpé que deux sommets dans ma vie, le mont Blanc et l'Himlung. » Les questions se multipliaient et ne cessaient de m'envahir : « Est-ce que je suis capable d'escalader le Lhotse ? Vais-je revenir vivante, avec tous mes membres ? Et mon cerveau, va-t-il tenir le coup ? Comment vais-je l'annoncer à mes proches ? » Je voyais déjà la mort partout et me sentais déchirée, partagée entre le doute et le désir de réaliser cette ascension.

Je demandai alors des signes, priai, parlai à qui voulait bien m'entendre là-haut. Mon obsession devint si forte et ma demande si persistante que l'univers sembla n'avoir d'autre choix que de me répondre. Lors d'une de ces journées à Chamonix, début février, alors que je revenais d'une superbe randonnée à raquettes sous le soleil du val Ferret, en Italie, la radio, tout juste allumée dans le tunnel du Mont-Blanc, dit ceci : « Il faut vivre intensément chaque instant, il faut suivre ses désirs car tout peut changer d'un moment à l'autre dans la vie, on peut tout perdre d'un jour à l'autre, sa carrière, sa santé, etc. Vous devez vivre pleinement votre vie et faire ce qui vous plaît. » S'ensuivit une étrange musique évoquant un individu quittant les plaines et allant rejoindre le froid extrême... Curieusement, personne dans le minibus ne parlait, il y avait un silence total, et j'avais l'impression d'être seule, seule à entendre.

Les signes se multiplièrent de plus en plus, dans des musiques que j'entendais, des discussions que je surprenais, ou des rencontres fortuites que je faisais. Tout me conduisait vers l'Himalaya. Malgré ces faits évidents, je n'arrivais toujours pas à me décider et sentais une grande anxiété résonner en moi. La nuit, je me réveillais régulièrement en sueur. Une nuit, en particulier, je rêvai que j'étais assise à une table et qu'il y avait sur mon assiette une main coupée, dont les doigts étaient littéralement noirs. Inutile de chercher dans la symbolique des rêves, je me voyais déjà amputée. Ces angoisses continuaient, d'autant plus qu'au même moment, comme pour me rappeler le caractère éphémère de la vie, ma mère était malade, avec une suspicion de cancer.

Malgré les doutes, je revenais cependant toujours à la même conclusion, je n'avais pas le choix. Je voulais réaliser cette ascension, elle était là, c'était plus fort que moi, je devais aller jusqu'au bout. Je me souvins alors des paroles de Swami Vijayananda, qui un jour, m'avait dit : « Quand tu as peur, fonce ! » Après tout, pensai-je, le Lhotse ne devait pas être si infranchissable. Et si certains étaient capables de le descendre à skis, il était à ma portée aussi ! Après quelques jours de réflexions angoissantes, je décidai de me lancer dans cette aventure. Bishal, au téléphone, m'assura qu'il serait mon sherpa, ce qui me conforta dans ma décision.

Pourquoi risquer sa vie en montagne ?

Pourquoi se lancer dans une telle aventure et risquer sa vie dans les montagnes ? C'est la première question que tout alpiniste doit se poser sincèrement à lui-même, car qu'on le veuille ou non, la prise de risques existe dans toute expédition. On peut anticiper, faire le maximum pour tenter d'éviter l'inévitable, la haute montagne comporte des dangers significatifs : chute de pierres, de neige ou de glace, effondrement de séracs, chute dans une crevasse, dévissage, plaques à vent, avalanches, écroulement de corniches, tempêtes, gelures, mal des montagnes, etc.

Étrangement, je constate, après coup seulement, que personne autour de moi ne me posa cette question, pourtant fondamentale, du pourquoi de cette ascension. La question est-elle trop intime, trop taboue ? Est-ce une manière d'écarter cette pensée effrayante de la mort, d'échapper à la peur de mourir ? « La mort est plus aisée à supporter sans y penser que la pensée de la mort sans péril », disait Pascal. Bien qu'elle reste la seule chose dont nous soyons sûrs, et qu'elle peut survenir n'importe quand, nous préférons simplement ne pas y penser et rechercher le « divertissement ».

Le grimpeur doit être en accord avec lui-même, et doit connaître les raisons qui le poussent à escalader. À défaut, il risque d'endurer la souffrance au lieu de l'accepter. L'exemple de Lionel Daudet, après dix ans d'expédition en solo, est éloquent. Il raconte qu'en 2005, alors qu'il grimpait, il ressentit des sensations inhabituelles : « C'était dans l'ascension de l'Eiger. D'un coup, tout était sombre, froid, je subissais les éléments, ce n'était plus moi. J'ai toujours eu une histoire intime avec la montagne. Elle représente mon reflet intérieur, mon outil de connaissance, le solo étant l'étape ultime de l'expérience. Mais ce jour-là, je me suis rendu compte que je continuais pour de mauvaises raisons, pour les proches, les médias, le milieu de la montagne, pas pour moi. En fait, j'avais atteint mon sommet spirituel, il était temps de passer à autre chose[3]. » Il est primordial ainsi de savoir pourquoi l'on grimpe et de reconnaître le seuil à ne pas franchir.

Certains préfèrent tout bonnement ignorer la question ou la fuir, affirmant que c'est de l'ordre de « l'indicible », ou déclarant simplement, tel George Mallory lors de la conquête de l'Everest, « parce qu'il est là », parce que « c'est une conquête de l'inutile » pour reprendre l'expression de Lionel Terray, ou « pour aller voir ce qu'il y avait de l'autre côté [du Tyrol] » selon Reinhold Messner.

3 Lionel Daudet, *La Montagne intérieure* (Grasset, 2004).

D'autres évoquent des motivations que je qualifierais de positives, telles que le sentiment de liberté, l'émerveillement, l'aventure, le goût du dépassement, la joie des rencontres, la connexion avec la nature, etc. Une conquête de l'inutile qui n'est donc pas si inutile au final.

Pour d'autres, il y aurait des raisons cachées de nature plus psychologique, comme une ancienne névrose à supprimer. L'alpiniste et psychiatre français Xavier Fargeas va d'ailleurs jusqu'à comparer le massif du Mont-Blanc à un hôpital de jour. Que penser alors du camp de base de l'Everest ? Un établissement psychiatrique ? Tout cela me renvoie au monde humanitaire dans lequel j'ai travaillé. Confrontés à des conditions de vie parfois extrêmes, les travailleurs humanitaires, qui arrivent souvent avec leur lot de troubles psychologiques, cherchent parfois plus à fuir quelque chose qu'à sauver l'humanité. Telle une addiction, certains enchaînent les missions, prenant des risques toujours plus grands, et courant après une sorte de soulagement, qui bien sûr ne sera que temporaire et ne leur apportera aucune satisfaction à long terme. À l'instar de ces alpinistes compulsifs, ces « chercheurs de sensations fortes » se retrouvent alors dans une sorte de spirale infernale de surenchère dans la prise de risque. Il leur devient difficile de fixer des limites et s'arrêter à temps, et beaucoup d'entre eux reviennent avec des traumatismes, parfois irréversibles. Vivre au quotidien avec la souffrance et la mort laisse indéniablement des traces, surtout lorsqu'on n'y est pas préparé et qu'on ne peut y mettre fin.

Dans le même ordre d'esprit, la montagne ne serait-elle pas pour certains un moyen de s'évader ou de surmonter leurs difficultés relationnelles ? Nadir Dendoune, auteur d'*Un tocard sur le toit du monde* et vainqueur de l'Everest, en parle : « Vous savez, c'est moins dur de faire l'Everest que d'être bien avec une nana ! »

D'autres évoquent la psycho-généalogie pour expliquer cette prise de risque là-haut. C'est ce qu'a étudié le guide de montagne Emmanuel Ratouis auprès de cent cinquante de ses confrères, en fouillant les drames familiaux ayant possiblement favorisé la prise de risque. S'il m'est difficile, pour ma part, de relier cela à des tragédies familiales, il existe en tout cas un lien certain avec la figure paternelle. Je ne serais, en effet, jamais allée sur le mont Blanc, s'il n'avait pas fallu un cadeau pour les soixante-dix ans de mon père : réaliser à sa place son rêve de grimper ce sommet. Partie avec un ami, ancien membre des Forces spéciales, responsable de l'entraînement des troupes en opérations extérieures en Afghanistan, je me lançai ainsi dans la grande traversée du mont Blanc à trente-trois ans, sans notion aucune d'alpinisme, n'ayant jamais utilisé de piolet de ma vie, et ce dans un froid glacial, comme l'atteste la quasi-absence d'alpinistes au sommet ce jour-là. À ceci s'ajouta un œdème localisé, sans danger heureusement, que je ne découvris qu'en arrivant au refuge du Goûter. Il est possible que derrière tout cela, il y eut un certain besoin de reconnaissance. Parlant de son père, Christine Janin, première Française à atteindre le sommet de l'Everest, puis le pôle Nord sans soutien logistique, dit ceci : « À ses yeux, rien n'est jamais bien… Mais à quarante ans et bien que je sois montée en haut de l'Everest, j'ai toujours du mal à lui parler… Je suis consciente qu'avec l'Everest, j'étais dans une recherche de reconnaissance de sa part. Bien entendu, cela n'a pas changé grand-chose… Je n'allais pas passer ma vie à grimper pour lui prouver que j'existe… Si j'avais continué, j'y serais peut-être restée[4]. » Nul doute que notre bagage générationnel influence considérablement nos choix de vie. Quant à d'éventuelles raisons karmiques, pour ceux qui croient dans les vies passées, il est vrai que l'Himalaya m'a toujours attirée depuis mon enfance, sans raison aucune. Ai-je vécu dans une ou plusieurs de mes vies passées sur des terres himalayennes ?

Mais au-delà des aspects physiques, mentaux, psychologiques, karmiques, etc., n'y a-t-il pas quelque chose de plus profond, de plus fondamental que la haute montagne offre à l'alpiniste ? Cette proximité de la mort liée à la prise de risque ne serait-elle pas le passage obligé vers une « renaissance », vers une « seconde vie » ? Pour Messner, le premier homme à avoir gravi les quatorze sommets de plus de 8 000 mètres, la clé réside, en effet, dans l'idée même de renaissance, à savoir la possibilité de se voir attribuer une ou plusieurs autres vies. Relatant son expérience au Nanga Parbat, après une semaine d'errance seul et sans nourriture, il parle d'une « renaissance » après avoir été recueilli par des paysans : « Cette renaissance, on ne l'obtient qu'en allant dans un endroit dangereux. Si les Drus étaient parsemés

4. Catherine Reverzy, *Femmes d'aventure. Du rêve à la réalisation de soi* (Odile Jacob, 2001).

de pitons, ce ne serait plus les Drus. C'est la finitude de la vie qui nous permet de vivre intensément. Si la vie était éternelle, je ne serais pas devenu alpiniste[5]. »

Pour ma part, il est impossible de dissocier cette expérience de ma quête intérieure, celle qui m'a poussée à voyager dans le monde entier, notamment en Inde, à effectuer des retraites dans des monastères ou des centres de méditation, à marcher des milliers de kilomètres en pèlerinage, ou à rencontrer des maîtres spirituels. Pour moi, la haute montagne symbolise avant tout un voyage intérieur pour trouver sa vraie nature, son propre Soi. C'est un moyen de se rencontrer et de renaître à soi-même. Lionel Terray parle aussi de se retrouver : « Si vraiment aucune pierre, aucun sérac, aucune crevasse ne m'attend quelque part dans le monde pour arrêter ma course, un jour viendra où, vieux et las, je saurai trouver la paix parmi les animaux et les fleurs. Le cercle sera fermé enfin, je serai le simple pâtre qu'enfant je rêvais de devenir[6]. »

Reste que, pour la plupart des gens, se lancer dans l'ascension d'un 8000 est un acte insensé, voire une folie. Pourquoi risquer de perdre sa vie, ou devenir handicapé ? Ainsi, mon entourage me qualifiait désormais d'inconsciente. J'avais beau parler de risques calculés, de décisions réfléchies, d'analyses de situation, de stratégies, rien n'y faisait. Ma vision de l'alpinisme rejoint pourtant celle de Rébuffat : « L'alpiniste est un homme qui conduit son corps là où, un jour, ses yeux ont regardé. Et qui revient. »

---

5 Reinhold Messner, *La Montagne nue* (Guérin, 2003).
6 Lionel Terray, *Les Conquérants de l'inutile* (Gallimard, 1961).

Voyage sous le signe de la mort

Le 3 mars 2019, je me retrouvai donc à l'aéroport Charles-de-Gaulle, et regardai de loin mon père me saluer alors que l'escalator descendait. Des larmes coulaient sur mon visage. « Je débarque immédiatement à Katmandou si nécessaire », m'avait-il dit alors que je m'apprêtais à franchir les portes de sécurité. Dans la salle d'embarquement, panique, impossible de mettre la main sur mon passeport. « Quelle idiote je suis, me dis-je, j'ai perdu mon passeport, comme si c'était le moment ! C'est peut-être un signe en fait, je ne dois pas partir. » Et de nouveau, un bombardement de questions : « Pourquoi ce sommet est-il si important ? N'es-tu pas un peu folle ? Etc. » Et puis, non, fausse alerte, le passeport était dans ma poche !

Le 4 mars, j'arrivai à Katmandou le jour de la Mahashivaratri, grande fête de Shiva dans le calendrier hindou. Jour très important ici, dans ce pays à très forte majorité hindoue (81 %), cette fête honore l'un des trois grands dieux de la Trimurti, Shiva, Dieu de la destruction, de la mort, mais aussi de la renaissance et de la résurrection. Sans Shiva, sans son rôle destructeur, toute création serait impossible. Certains textes anciens font référence à la Mahashivaratri comme étant le jour où Shiva but une potion empoisonnée pour sauver le monde. Selon une autre légende de la tradition shivaïte, c'est aussi la nuit où Shiva exécuta la danse de la création, de la conservation et de la destruction. À cette occasion, les hindous prient, chantent, jeûnent, méditent, se rendent dans l'un des temples dédiés et restent éveillés toute la nuit.

Le soir, je me retrouvai seule dans ma chambre d'hôtel. Rien de très transcendant pour une nuit dédiée à Shiva. J'aurais volontiers assisté aux cérémonies ce soir-là, mais marcher seule à Pashupatinath, le plus ancien temple hindou de la vallée de Katmandou, en plein milieu de la nuit, ne m'enthousiasmait guère, sachant qu'il y avait foule au temple et que beaucoup étaient drogués au bhang. Méditer dans ma chambre ne m'inspirait pas non plus, j'étais bien trop fatiguée pour rester éveillée et concentrée. Malgré tout, je ne m'endormis qu'à 5 heures du matin. Ma journée ne commença donc qu'à 14 heures, après un réveil plus que tardif. Ce jour-là, je négociai le contrat pour l'expédition, la principale condition étant que Bishal, mon sherpa pour l'Himlung, soit également mon guide pour le Lhotse.

De retour à Namche, pays des Sherpas

Le jour du départ était enfin arrivé, nous étions le 8 avril. J'étais heureuse de quitter Katmandou et son atmosphère polluée et bruyante. J'allais enfin me rendre à Lukla, principal point de départ des treks dans la région, où se trouve le seul et unique aéroport qui mène à la vallée du Khumbu. Nous atteignîmes le petit aéroport de Ramche après quelques heures de jeep, et après une courte nuit dans un hôtel sordide, nous étions dans les airs. Une vingtaine de minutes plus tard, j'arrivai à l'aéroport de Lukla (2 860 m). Onze ans s'étaient déjà écoulés depuis ma venue ici.

Également connu sous le nom d'aéroport Tenzing-Hillary, du nom des conquérants de l'Everest, l'aéroport de Lukla, avec sa piste de 500 mètres de long seulement, au bord d'un ravin, est considéré comme l'un des plus dangereux au monde. Il continue néanmoins d'accueillir chaque année des milliers de randonneurs et de grimpeurs se rendant dans la vallée du Khumbu. Bien que les pilotes ne reçoivent pas une formation aussi poussée qu'en Occident, je reste impressionnée par leur adresse, lorsque confrontés à des conditions météorologiques des plus instables, ils parviennent à naviguer entre les cimes enneigées et atterrir sur cette minuscule piste.

Cependant, quelques jours plus tard, le 14 avril, j'appris qu'une tragédie s'était produite à l'aéroport de Lukla. Un avion de Summit Air avait manqué son décollage et heurté deux hélicoptères, provoquant une terrible explosion et la mort de trois personnes, dont le pilote de l'hélicoptère et deux policiers. C'était le plus gros accident à l'aéroport depuis 2008, année du crash de Yeti Airlines, qui causa la mort de ses dix-huit passagers. À cette même période, je venais justement d'arriver à Katmandou et souhaitais me rendre à Lukla. L'agence de voyages avait alors essayé de me persuader qu'il était plus sûr de voyager avec Yeti Airlines, car selon les probabilités, un second accident était quasiment impossible. Loin d'être convaincue par un tel argument, j'avais décidé de voler avec Agni Air.

À Lukla, je fus accueillie par un guide de trekking, Ngawang Sherpa. Il prit deux de mes gros sacs afin qu'ils soient acheminés au camp de base, et immédiatement après le petit déjeuner, je commençai ma marche vers Namche, qui se situe beaucoup plus haut, à 3 440 mètres. Il faisait très chaud, et mon sac à dos était lourd. J'avais bien tenté de ne prendre que le strict minimum, mais en vain… tout me semblait utile. J'appris, au cours de mes nombreux voyages, que, curieusement, chaque fois que je manquais d'apporter quelque chose en pensant que cela ne serait pas nécessaire, c'était précisément cette chose dont j'avais le plus besoin. Quelques heures plus tard, je passai par la porte officielle du Parc national de Sagarmatha, c'est-à-dire la région de l'Everest, aussi appelée « Khumbu ». Cette région abrite quatre des huit sommets de plus de 8 000 mètres du Népal : Lhotse (8 516 m), Makalu (8 463 m), Cho Oyu (8 201 m) et l'Everest (8 868 m). Elle abrite également la grande majorité de la population sherpa, un groupe ethnique venu du Tibet oriental il y a plusieurs siècles et qui s'est parfaitement adapté aux conditions de vie difficiles de la haute montagne. Les Sherpas ne constituent en réalité que l'une des soixante ethnies et castes qui composent le Népal avec, en tête, la caste des Chhetri (Kshatriya), suivie de celle des Brahmanes et représentent moins de 1 % de la population. Spécialisés à l'origine dans la culture de la pomme de terre, l'élevage et le commerce, en particulier le commerce du sel avec le Tibet, ces « hommes de l'Est », depuis la conquête des hauts sommets himalayens dans les années 1950, ont orienté leurs activités économiques vers l'himalayisme et le trekking, où ils s'avèrent des assistants indispensables à toute expédition. Au vu de ce succès retentissant, le terme « sherpa » s'est d'ailleurs vu emprunté par d'autres groupes ethniques qui pratiquent également les métiers de la montagne, tels que les Rais, les Tamangs, les Gurungs et les Kshatriyas. En d'autres termes, tous les sherpas ne sont pas nécessairement des Sherpas. Le Sherpa le plus connu est Tenzing Norgay, qui escalada l'Everest pour la première fois en mai 1953, aux côtés d'Edmund Hillary. D'autres sont devenus célèbres par la suite, comme le coureur Dawa Dachhiri Sherpa, vainqueur de nombreuses courses dont l'Ultra-Trail du Mont-Blanc, ou Apa Sherpa, détenteur du record du nombre d'ascensions de l'Everest.

Sur le chemin, juste avant d'arriver à Namche, je rencontrai des randonneurs d'origine nordique. Probablement intrigués par mon gros sac et le matelas qui y était accroché, alors que presque tout le monde avait un porteur, ils entamèrent la conversation et m'interrogèrent sur mes projets. Quelles questions n'avaient-ils pas posées ! J'avais l'étrange sensation d'être violée dans mon intimité, qu'un secret de la plus haute importance était sur le point d'être révélé. J'aurais pu profiter de cette ouverture pour nouer des contacts avec ces hommes, somme toute plutôt agréables à regarder, mais étonnamment, j'eus grand mal à leur dire que j'allais escalader le Lhotse. Les mots ne voulaient tout simplement pas sortir de ma bouche, comme si je n'y croyais pas, comme si cela me semblait un but inaccessible, trop lourd à porter pour moi, et que le fait même d'en parler me porterait malchance. Je devais pourtant leur répondre, pensai-je. Je finis par leur dire que je me rendais au camp de base de l'Everest et que j'allais marcher sur le glacier… On ne pouvait être plus clair !

J'arrivai finalement vers 16 heures à Namche Bazar. Capitale des Sherpas, Namche, déjà imposante dans le passé, s'était encore agrandie depuis ma précédente venue. Située à 3 400 mètres d'altitude, cette petite bourgade, nichée dans une sorte de grosse cuvette à mi-pente d'une montagne abrupte, abrite de nombreux bâtiments, tous reliés par de petits passages étroits. Dernier grand village avant d'accéder au camp de base, c'est une étape clé pour tout trekkeur ou grimpeur en route vers l'Everest ou d'autres montagnes environnantes. Ils y restent généralement deux à trois jours pour s'acclimater; en raison de la diminution de l'oxygène avec l'altitude, une ascension progressive, par étapes, est requise afin que le corps ait le temps de s'adapter.

Lutte contre le mal des montagnes

L'acclimatation revêt une importance capitale pour qui se rend en haute altitude et ne veut pas être atteint du mal aigu des montagnes. Plus communément appelé MAM, le mal aigu des montagnes constitue un syndrome de souffrances résultant de plusieurs facteurs: une ascension trop rapide en haute altitude, une mauvaise acclimatation, une sensibilité personnelle et une origine génétique – comme le montre l'adaptation à la très haute altitude de certains peuples, tels que les Tibétains, les Amharas en Éthiopie et les Andins. Phénomène très courant, touchant près de la moitié des personnes entre 3000 et 4000 mètres, et près des deux tiers entre 4000 et 5000 mètres, ce mal d'altitude se manifeste de plusieurs façons. Les premiers symptômes, généralement considérés comme bénins, sont des maux de tête, des nausées et vomissements, une perte d'appétit, des insomnies, une grande fatigue et une lassitude générale, des vertiges, et parfois même des changements d'humeur. Si ces premiers symptômes ne sont pas pris en compte, des complications peuvent survenir et conduire, dans les cas les plus graves, à un œdème pulmonaire, qui se caractérise par une dyspnée importante, des crachats rosés et une obstruction pulmonaire, ou encore à un œdème cérébral (accumulation anormale de liquide au niveau du cerveau), qui peut se manifester par des troubles visuels, des céphalées sévères et des vomissements. Dans les deux cas, l'issue peut être la mort. L'apparition de ces symptômes ne doit donc en aucun cas être négligée, encore moins niée ou camouflée comme le font certains par peur d'être perçu comme faible ou être abandonné par le groupe. Le traitement par excellence est le retour en basse altitude. L'utilisation d'analgésiques et l'apport d'oxygène sont recommandés pour les symptômes légers ; pour les plus graves, l'acétazolamide vendu sous le nom de Diamox, ou les corticoïdes. En cas d'œdème pulmonaire, des vasodilatateurs de type nifédipine doivent être pris afin de dilater les vaisseaux sanguins. Pour un œdème cérébral, le passage par un caisson hyperbare permettant d'augmenter la pression devient obligatoire ; la dexaméthasone, un produit synthétique aux effets quarante fois plus puissants qu'un corticostéroïde, est également utilisée.

Le mal des montagnes peut affecter tout le monde, sans distinction d'âge, de sexe ou encore de condition physique, car même les plus sportifs peuvent en être victimes. Pour prévenir ce mal, quelques précautions doivent être respectées, telles qu'une bonne hydratation et une ascension lente, par niveaux, avec des séjours prolongés et successifs en altitude. Certains médicaments peuvent aussi jouer un rôle préventif. C'est le cas du Diamox, ainsi que du sildénafil, plus connu sous le nom de Viagra, que j'étais allée récupérer sous le regard dubitatif, voire suspect, de mon pharmacien en France. C'était un guide accompagnateur de Chamonix qui m'avait parlé de ce produit magique pour la haute altitude. Il est d'ailleurs de plus en plus fréquent de trouver des boîtes de Viagra ou de Diamox dans les refuges du mont Blanc, notamment ceux du Goûter ou des Cosmiques, au point que les gardiens commencent à se plaindre du nombre de boîtes à redescendre dans la vallée ! En effet, la consommation de médicaments a sensiblement augmenté chez les grimpeurs ces dernières années ; plus d'un tiers des alpinistes candidats au mont Blanc sont sous médicaments ! Cette consommation à outrance n'est pas sans danger et comporte bien évidemment des risques.

À titre préventif, je pris pour ma part des compléments naturels comme le ginkgo biloba, que j'avais déjà testé lors de mon ascension de l'Himlung. Des études auraient en effet démontré l'efficacité du ginkgo biloba (extrait de 24 % de glycosides flavonoïdes et de 6 % de terpènes lactone) contre le mal de l'altitude. Je pris également un autre complément apparemment bénéfique, le cordyceps, un champignon qui pousse dans l'Himalaya au-dessus de 3 000 mètres. Ce sont les sherpas qui découvrirent le cordyceps en voyant leurs yaks reprendre miraculeusement des forces après en avoir consommé. Le cordyceps est une variété de champignon parasite qui se développe dans et à travers le corps de chenilles. En plus de renforcer le système immunitaire et d'être antioxydant et anti-inflammatoire, il agit sur l'endurance sportive en augmentant la capacité aérobie et l'utilisation de l'oxygène. Pour les personnes intéressées, il aurait également des effets positifs sur la libido et les performances sexuelles, d'où son surnom de « cordy-sex ».

Réveiller son feu intérieur

En plus des quelques compléments alimentaires pour lutter contre le mal des montagnes, j'eus recours à la méthode Wim Hof, qui améliore la résistance au froid et aide le corps à mieux s'acclimater. Wim Hof, surnommé « l'homme de glace », est un Néerlandais connu pour ses nombreux records, attribués selon lui à sa méthode de respiration et d'exposition au froid : record du monde de nage en apnée sous la glace, marathon dans le désert australien sans boire d'eau, ascension du Kilimandjaro en short, etc. Wim Hof a fait l'objet de plusieurs expériences scientifiques, dont l'injection d'une toxine bactérienne dans son corps par des chercheurs de l'université d'Amsterdam. Contrairement aux groupes témoins, la bactérie n'entraîna aucune réaction inflammatoire chez Wim Hof. À la suite de cette première expérience, les étudiants de Wim Hof à qui il avait enseigné la technique reçurent la même dose d'e-coli et purent réduire la violence de la réaction inflammatoire. La méthode, validée par les scientifiques, s'est ainsi rapidement popularisée.

La méthode Wim Hof repose principalement sur trois piliers, tous aussi importants les uns que les autres, qui nous amènent progressivement à sortir de notre zone de confort et donc à nous adapter à toute situation. Ces piliers sont les suivants : la respiration, avec une méthode particulière qui permet d'oxygéner le sang au maximum ; la concentration sur la respiration (le mental) ; l'exposition progressive au froid, par des douches froides et des bains de glaçons.

Cette méthode permet de fortifier le mental, d'acquérir une meilleure résistance au froid, de réguler les états de fatigue, d'avoir une meilleure gestion des émotions et une plus grande confiance en soi. Sur un plan purement physique, les effets immédiats vont d'une plus grande endurance à l'effort à un meilleur sommeil. La méthode permet également d'augmenter la concentration de graisse brune, qui a la particularité de produire de l'énergie et de la chaleur, et qui est généralement très présente chez les bébés. Si cette graisse brune diminue avec l'âge et est remplacée par de la graisse blanche, il est néanmoins possible de transformer cette graisse blanche en graisse brune lorsqu'elle est exposée pendant un certain temps à une température inférieure à 18 degrés.

Lors de ma première séance de respiration, à Katmandou, je ressentis de forts picotements dans les extrémités, des vagues de chaleur impressionnantes envahirent tout mon corps et montèrent jusqu'à ma tête. J'hésitai à m'arrêter, ma tête tournait et commençait à bouillonner, me rappelant mon épisode hémorragique en Inde. Je continuai malgré tout, et ces vagues de chaleur finirent par se stabiliser et devenir plus contrôlables. Lors du trek, et pendant l'expédition, je continuai ainsi ces exercices de respiration de manière assidue.

En réalité, la méthode Wim Hof est liée à des pratiques beaucoup plus anciennes, appelées « tummo » ou « toumo ». Le tummo – « chaleur, feu intérieur » en tibétain, plus communément appelé « yoga de la chaleur intérieure » – est une pratique tantrique qui permet de repousser les limites de résistance au froid. Le toumo utilise les techniques de yoga tibétain mêlant respiration, visualisation de syllabes et récitation de mantras. Dans son livre *Mystiques et Magiciens du Tibet*, Alexandra David-Néel décrit très bien ces pratiques auxquelles elle a été initiée : « Par une nuit d'hiver où la lune brille, ceux qui se croient capables de subir victorieusement l'épreuve, se rendent, avec leur maître, sur le bord d'un cours d'eau non gelé [...] Les candidats au titre de *Repa*, complètement nus, s'assoient sur le sol, les jambes croisées. Des draps sont plongés dans l'eau glacée, ils y gèlent et en ressortent raides. Chacun des disciples en enroule un autour de lui et doit le dégeler et le sécher sur son corps. Dès que le linge est sec, on le replonge dans l'eau et le candidat s'en enveloppe de nouveau. L'opération se poursuit, jusqu'au lever du jour. Alors, celui qui a séché le plus grand nombre de draps est proclamé le premier du concours[7]. » Elle écrit également : « Passer l'hiver dans une caverne située, souvent, entre 4000 et 5000 mètres d'altitude, vêtu d'une robe mince ou même nu, et ne pas périr gelé, est un problème compliqué. Nombre d'ermites tibétains l'ont pourtant résolu, et leur endurance est attribuée au fait qu'ils possèdent le moyen de stimuler la chaleur interne. » Le Français Maurice Daubard est l'un des pionniers de la pratique du toumo en Europe. Cette discipline lui permit notamment de se soigner de nombreuses pathologies,

7 Alexandra David-Néel, *Mystiques et Magiciens du Tibet* (Plon, 1980).

dont la tuberculose, alors qu'il était encore adolescent. À la suite de mon expédition au Lhotse, j'eus d'ailleurs l'occasion, en février 2020, en pleine explosion de Covid, d'effectuer avec lui une retraite de toumo dans les Alpes italiennes, à près de 2000 mètres d'altitude. Je passai alors la majorité de la semaine en maillot deux pièces, alternant quotidiennement bains glacés, méditations sous la neige et balades en raquettes. Une expérience forte, qui restera gravée dans ma mémoire.

D'autres méthodes – que je n'ai pas encore testées – permettraient également une meilleure oxygénation des cellules. C'est le cas de la marche afghane, dite « marche du 3e souffle ». Née dans les années 1980 à partir d'observations réalisées par un Français, Édouard G. Stiegler, auprès de nomades afghans, capables de marcher plus de 60 kilomètres par jour pendant des semaines, la marche afghane est une technique de respiration rythmée consistant à synchroniser sa respiration avec sa marche. À la croisée de l'exercice physique et de la méditation, elle nous apprend à être dans l'instant présent.

Premiers contacts avec l'équipe

Je rejoignis l'auberge où logeait l'équipe américaine qui faisait partie de mon expédition. Le propriétaire du lodge m'accueillit chaleureusement et me donna immédiatement une chambre individuelle, au calme. Probablement impressionné par le fait qu'une femme se retrouve seule parmi tous ces hommes, prête à se lancer à l'assaut du Lhotse, il était particulièrement aux petits soins avec moi. Tous les repas que je commandais étaient systématiquement servis en premier.

La plupart de ces petites auberges rustiques proposent des menus similaires, composés principalement de pommes de terre, de pâtes, de riz, d'omelettes, de *dal bhat*, de *momos*, etc. À Namche, on trouve néanmoins des plats plus « exotiques », tels que pizzas, gâteaux à la carotte, pains allemands, etc. Dans le cadre de ma stratégie d'acclimatation, je commençai, par ailleurs, mon régime d'eau chaude, me forçant à boire au moins quatre litres par jour. *Tato pani*, qui signifie eau chaude en népalais, devint ainsi mon mantra.

Je fis enfin connaissance avec quelques membres de mon équipe avec qui je partagerai mon quotidien dans les semaines à venir. Ce fut avec enthousiasme que j'appris qu'il s'agissait d'une équipe de chercheurs américains spécialisés dans les questions environnementales. Titulaire d'une licence en biologie et d'un master en sciences de l'environnement, j'ai pu assouvir ma passion pour ces sujets, et en particulier pour les fonds marins, en travaillant dans plusieurs instituts et laboratoires de recherche dans différentes parties du monde. Aussi, ma présence au sein de cette équipe me séduisit immédiatement.

Les Américains faisaient plus précisément partie d'un programme qui mène et facilite la recherche dans les régions montagneuses et isolées du monde afin d'améliorer la connaissance de ces environnements et de promouvoir leur durabilité face au changement climatique. Rassemblant volontaires, alpinistes, étudiants, scientifiques, etc., ce programme de recherche intégré apporte un soutien logistique et réduit les coûts des projets de recherche.

Parmi les membres de l'expédition se trouvait Morgan, un jeune étudiant en master de l'université de Washington-Ouest. Au cours du voyage, Morgan étudiait l'engagement des habitants des vallées de Gokyo, Khumbu et Hinku dans la conservation de l'environnement. Pour ses recherches, il était assisté par deux Népalais associés à l'une des universités de Katmandou. Faisant fi de ses problèmes respiratoires – qu'il semblait connaître avant même de rejoindre l'expédition et qui se manifestèrent lors de l'ascension du Mera Peak (6476 m) –, il avait décidé, sur les conseils de son directeur de mémoire et aussi chef d'expédition, de se lancer malgré tout dans l'ascension de l'Everest et avait dû emprunter pour compléter son maigre salaire de barman. Malgré sa puanteur – Morgan ayant fait le pari de ne pas se laver pendant toute l'expédition, trek inclus –, il semblait être ouvert d'esprit et sensible, n'hésitant pas à parler ouvertement de ses craintes face à l'ascension de l'Everest.

Graham, la trentaine, était ambulancier. Il vivait désormais aux États-Unis après avoir vécu quelque temps en Asie – il parlait d'ailleurs un peu l'ourdou – et se dirigeait vers le monde de la diplomatie. Au cours de cette expédition, Graham voulait escalader le Lhotse sans oxygène et avait apporté pour cela le piolet qui avait appartenu à son grand-père, un alpiniste renommé aux États-Unis, qui avait ouvert plusieurs voies. Aussi touchant que cela puisse être, ce lourd piolet en bois n'était certainement pas le meilleur choix pour escalader le Lhotse, qui plus est sans oxygène.

Chris, un homme de grande taille, faisait son doctorat à l'université du Colorado à Boulder, et se spécialisait en glaciologie. À trente-cinq ans, il avait beaucoup bougé avant de s'installer au Colorado. Il avait vécu en Alaska, avait passé trois saisons dans l'Arctique en tant que chercheur. Il avait également été garde forestier dans plusieurs parcs, dont l'Olympic et le Denali. Enfin, Chris avait participé à plusieurs expéditions, dont une randonnée de 800 kilomètres à travers les Rocheuses canadiennes en 2008, et avait grimpé des sommets glaciaires en Équateur, en Bolivie et en Alaska. Comme moi, Chris voulait escalader le Lhotse avec oxygène et, curieux de voir comment je m'étais préparée, il m'interrogea sur mes exercices de respiration, espérant qu'ils seraient efficaces.

James Holmes, un autre grand gaillard, roux, d'une trentaine d'années, travaillait dans la finance et s'était porté volontaire comme trésorier du programme de recherche. James avait déjà participé à plusieurs expéditions au Pérou avec ce même programme. Il venait de quitter son emploi à New York et devait s'installer au Colorado après l'expédition. James semblait plutôt discret et ne parlait pas beaucoup. Mon premier contact avec lui se limita à quelques mots. Ayant entendu dire que j'avais un doctorat en sciences religieuses, il me demanda néanmoins si j'avais des connaissances sur le bouddhisme. De toute l'équipe, il semblait être le plus proche de John, le chef de l'expédition.

John, un homme blond de près de 2 mètres, chercheur et directeur d'un institut américain sur les environnements montagneux, était à la tête du programme de recherche. Malgré ses clichés tout faits sur la France, je le trouvai assez sympathique, et me réjouissais d'apprendre de son expérience. Peut-être pourrais-je aider son équipe à prélever des échantillons de neige et, plus tard, analyser les données ? Après quelques brefs échanges, il me parla d'une vidéo qui, apparemment, eut beaucoup de succès, mais dont, à sa grande surprise, je n'avais jamais entendu parler. Cette vidéo, réalisée par lui-même avec son téléphone, montre sa remontée d'une crevasse après une chute de 20 mètres aux abords de l'Himlung. Invité à témoigner sur de nombreux plateaux télé, il semblait déçu que la télévision française ne l'ait pas convié. L'intérêt de cette vidéo m'échappant, je m'interrogeai en silence sur la signification de celle-ci. Plus tard, en la visionnant, je fus surprise de voir cette mise en scène pleine de sang, sans mot aucun pour ses proches. Mes parents, à qui j'avais envoyé la vidéo et la page web du programme de recherche pour leur présenter mon équipe, étaient dubitatifs et surtout inquiets.

Immersion dans le monde du bouddhisme tibétain

Le lendemain, je décidai de me rendre à Thame, petit village à environ trois heures de marche de Namche. Le temps était splendide et il était agréable de marcher sans sac à dos – j'étais la seule du groupe à porter mon sac, ce qui, à mon sens, constituait un bon entraînement pour la suite. Après le petit déjeuner, je montai sur les hauteurs de Namche, puis, à travers la forêt, j'empruntai un beau chemin le long d'une vallée.

Le paysage était envoûtant. Je passai devant de splendides gorges, puis atteignis le petit village de Thame, situé à 3 820 mètres. Connu pour être le berceau de Sherpas renommés, tels que Tenzing Norgay ou Apa Sherpa, aussi appelé le « Super Sherpa » ou le « Tigre » avec vingt et une ascensions de l'Everest, Thame est apprécié pour son caractère authentique, loin de la foule et des boutiques de Namche.

Il est situé sur l'ancienne route des caravanes de yaks qui assuraient autrefois le commerce du sel et du grain entre le Népal et le Tibet depuis le col de Nangpa La. Construit à flanc de montagne, un *gompa* (monastère bouddhiste) domine le village. Les habitants de la région du Khumbu pratiquent le bouddhisme tantrique (Vajrayana), et plus particulièrement celui qui est rattaché à l'école Nyingmapa, considérée comme la plus ésotérique des quatre écoles du bouddhisme tibétain. Imprégné d'éléments de la religion pré-bouddhiste bön, ce bouddhisme local, propre au pays des Sherpas, est teinté de certaines croyances et superstitions, d'où le recours occasionnel à des pratiques chamaniques pour chasser les mauvais esprits.

Me perdant dans le dédale de petits passages, je finis par rejoindre la *kora* (chemin de pèlerinage) qui mène au *gompa* surplombant le village. Le gardien des lieux m'ouvrit les portes de l'enceinte principale, où apparurent devant moi de magnifiques bouddhas, le Bouddha du présent Shakyamuni, le Bouddha du futur Maitreya et Gourou Rinpoché (Padmasambhava). Alors que le moine me précisait qu'il s'agit d'un monastère Nyingmapa, je rebondis sur ma rencontre exceptionnelle au Sikkim avec Sa Sainteté Yangthang Rinpoché, un être éveillé, d'une grande compassion, qui, même enfermé dans les prisons chinoises, continuait à enseigner le Dzogchen, ou la voie de la Grande Perfection, aux détenus. J'avais eu le privilège de m'entretenir personnellement avec lui en 2015, dans son monastère de Yuksom. Il quittait son corps un an plus tard. Après que le moine m'eut bénie et invitée à revenir au monastère pour y séjourner, je retournai au village et allai m'abreuver dans une des petites auberges. Le retour à Namche se fit beaucoup plus rapidement qu'à l'aller, en courant !

Après une douche bien méritée, j'allai saluer la Sherpani que j'avais rencontrée au Fatima Healing Center, un centre d'acupuncture à Katmandou. Elle et son mari tiennent un magasin de trekking dans la rue principale de Namche. Avec l'essor du tourisme, de nombreux Sherpas ont réussi dans les affaires et possèdent maintenant des boutiques, des lodges, des restaurants, des agences de trekking, ou sont devenus guides de montagne. À côté de cela, d'autres familles sherpas, surtout celles qui se trouvent en dehors des circuits touristiques, vivent encore dans une extrême pauvreté.

Assise derrière le comptoir, elle m'invita tout de suite à prendre une tasse de thé. Lors de notre rencontre au centre d'acupuncture, j'étais allongée sur le ventre et n'avais pas vu à quel point elle était mal en point. L'acupuncture, disait-elle, la soulageait beaucoup et elle envisageait de reprendre des séances dès que possible. Je dois reconnaître que ce centre est particulièrement efficace et constitue un véritable sanctuaire de guérison. Ouvert à la fin des années 1990, il devint peu à peu réputé, attirant non seulement des locaux mais aussi des Occidentaux. Il est dirigé par le docteur Fatimah, une Tibétaine, aujourd'hui âgée, qui a vécu une partie de sa vie en Chine et y a étudié l'acupuncture de manière traditionnelle. Son fils, le docteur Jamal, a lui aussi étudié la médecine traditionnelle chinoise et l'assiste maintenant dans son travail. Me voyant impassible face aux aiguilles, il m'avait d'ailleurs complimentée sur ma faculté à supporter la douleur. Quoi qu'il en soit, aiguilles ou pas, mon niveau de tolérance à la souffrance devait considérablement augmenter pour escalader le Lhotse.

Le lendemain, je quittai les Américains qui se rendaient du côté du lac Gokyo pour poursuivre leurs recherches. Pour ma part, je décidai de me rendre à Pangboche. Sans grand étonnement, je constatai que le nombre de randonneurs sur le trek de la vallée du Khumbu, une randonnée d'une semaine depuis Lukla jusqu'à Gorakshep, avait sensiblement augmenté au cours des dix dernières années. Des hordes de randonneurs avaient envahi le sentier. Sans compter les yaks et les mules, ainsi que les porteurs avec leur énorme charge. Et le trafic, loin de diminuer, augmentait au fur et à mesure que les sentiers devenaient plus étroits.

En plus de la foule et de la chaleur accablante, je ressentais des douleurs dans le dos et au genou droit, probablement en lien avec le poids de mon sac, qui devait certainement dépasser les 15 kilos. Le chemin plongeait vers la rivière Dudh Khosi, que je traversai pour me rendre au monastère de Tengboche. La montée fut rude à cause de la chaleur, et je n'hésitai à faire des petites pauses sur les bancs de pierre prévus pour les porteurs. Je restai impressionnée devant les charges colossales qu'ils portaient sur leur dos, le plus souvent à l'aide d'une simple sangle passée sur le front. J'arrivai finalement à Tengboche, le plus célèbre monastère de la région du Khumbu, considéré comme l'un des plus beaux panoramas du Népal, avec l'Ama Dablam et l'Everest en arrière-plan. Je me revis onze ans en arrière ; j'avais alors assisté au service religieux avec deux Sud-Américains rencontrés près de Jiri, départ historique des expéditions vers l'Everest.

La ferveur religieuse imprègne les paysages du Khumbu tout entier : *chörtens* et *stupas* sur les cols ou à l'entrée des villages et longs murets de pierres gravées de prières (*mani*) le long des sentiers ; drapeaux de prières accrochés aux monuments religieux et au sommet des cols qui flottent au vent ; gros et petits moulins à prières en forme de cylindres gravés de mantras, le plus souvent encastrés dans les murs des bâtiments religieux. Après avoir passé la nonnerie de Debuche et les magnifiques arbres qui l'entourent, j'atteignis Pangboche dans l'après-midi. Je ne m'attardai pas au lodge et décidai de me rendre directement au *gompa*, situé un peu plus haut, dans le « haut Pangboche ». Faisant un long détour pour y parvenir, je fis une partie de la *kora* qui entoure le monastère, contournant *chörtens* et murs de *mani* qui envoient directement les prières qui y sont inscrites – « *Om Mani Padme Hum* ». Bien que moins connu que son voisin de Tengboche, le monastère de Pangboche, le plus ancien de la région, est considéré par les locaux comme le plus sacré. Fondé dans la première moitié du XVIIe siècle, il est réputé pour avoir abrité une main momifiée, dite « main de Pangboche ». Certains prétendent qu'elle proviendrait d'un yeti ou d'un homme ayant vécu à l'époque de l'homme de Néandertal. Volée à la fin des années 1990, la célèbre main n'est malheureusement plus présente dans le monastère.

Après une brève et rapide circumambulation dextrorsum (dans le sens des aiguilles d'une montre), comme l'exige la tradition bouddhiste, autour du principal bâtiment, je partis à la recherche du bienveillant gardien des lieux, le lama (prêtre). Le lama a la fonction de bénir tout ce qui fait partie de la vie des Sherpas : bénédiction des maisons, des troupeaux, des récoltes, prières pour conduire l'âme du défunt vers sa future réincarnation, etc. En plus de cela, il effectue des bénédictions dans le cadre des expéditions, non seulement pour les Sherpas mais aussi pour les Occidentaux. Dans une des salles adjacentes à la salle principale, je finis par entrevoir un individu en robe rouge avec une barbe grise. D'après la description que m'en avaient faite les villageois, il s'agissait bien du lama. Je lui fis part de ma requête d'effectuer une cérémonie, ou *puja*, pour bénir mon ascension. Il ne parlait pas anglais, mais quelques mots-clés, comme *puja* et Lhotse, lui suffirent pour comprendre ma demande. L'heure fut fixée à 8 heures le lendemain. Je le remerciai et pris congé.

Le lendemain matin, j'arrivai donc prête, munie de ma *khata*, cette écharpe soyeuse, souvent blanche, qui symbolise la pureté et la bienveillance. Quelques Népalais étaient présents, ils souhaitaient également être bénis pour leur expédition. Buvant tranquillement un thé offert par le lama, je les laissai passer en premier et j'assistai ainsi à la *puja* pour leur ascension de l'Everest. Une fois ces derniers partis, le lama m'adressa la parole. Avec mon népalais plus que rudimentaire, j'essayai de comprendre tant bien que mal ce qu'il me disait : « Lhotse, Lhotse ? » « Oui, Lhotse !! » confirmai-je. La *puja* commença. Mantras, invocations et *mudras* (gestes sacrés des mains) se succédèrent. La cloche sonnait, et le *dorje*, petit sceptre de métal, un des plus importants symboles du bouddhisme tibétain, tournait. Les éléments s'activaient tout autour et en moi. Je fermai alors les yeux. La préparation physique et mentale est essentielle pour une telle aventure, mais le monde de l'invisible l'est tout autant.

Après une trentaine de minutes, le lama finit par m'appeler. J'approchai de lui et lui présentai la *khata*, dans laquelle j'avais pris soin de déposer un petit billet. En retour, il me versa un peu d'eau dans les mains, que je m'empressai de boire et d'asperger sur ma tête, me donna quelques grains de riz à garder bien précieusement sur moi, puis noua un petit cordon rouge protecteur à mon poignet, qui ne me quittera pas et que je porte encore aujourd'hui. Puis, il prit ma tête entre ses mains et me dit : « *Lhotse, ok, Lhotse ok. Top, ok. You good. Khana, khana* », ce qui signifie « mange, mange ». Une vague d'émotions envahit mon cœur et les larmes me vinrent aux yeux. Le saluant chaleureusement, je pris congé puis repris la marche pour me rendre à Dingboche. Je me sentais confiante et sereine.

Une atmosphère sud-américaine

Dingboche, petit village parsemé d'anciennes bergeries transformées en lodges, est situé à 4 530 mètres d'altitude dans la vallée de Chukhung. De là, il est possible d'effectuer des excursions à la journée, comme à Nangkartshang (5 090 m) et au Chukung Ri (5 550 m). Dès mon arrivée, je croisai par hasard, dans un des lodges recommandés par mon agence, Durga, le guide népalais de trois Brésiliens membres de mon expédition. Le lodge était déjà quasi plein et la seule chambre que l'on m'offrit se trouvait juste en face de l'escalier menant à la salle à manger, ce qui promettait d'être très bruyant. Durga me proposa alors de m'installer dans le pavillon occupé par les Brésiliens. Il n'y avait pas d'Internet, mais c'était calme. J'acquiesçai et le suivis. Il me donna gentiment sa chambre, qui – oh chance ! – avait des toilettes. Je rencontrai alors un des Brésiliens, Julio, avec qui je parlai pendant un moment.

Julio, carioca d'origine, travaillait pour la télévision brésilienne et sa mission ici était de filmer ses camarades, Rodrigo et Mauro, dans leur ascension – du moins au début, car il n'avait pas prévu de monter au-dessus du camp de base.

Après une sympathique discussion avec Julio, je me rendis finalement au Nangkartshang Peak. J'étais la seule à y grimper, toutes les personnes que je croisai redescendaient déjà. Je devais me dépêcher, car le temps était couvert, et je voyais les nuages arriver à vive allure. En seulement une heure, j'arrivai en haut. Seule, je contemplai la superbe vue qui s'offrait à moi, l'Ama Dablam et toute la vallée de Chukhung. Puis, après une dizaine de minutes, je redescendis.

De retour au lodge, je rencontrai le reste de la troupe brésilienne, Mauro et Rodrigo. Mauro dirigeait un centre d'ophtalmologie au Brésil. Passionné de montagne, il avait déjà escaladé l'Elbrouz, l'Aconcagua, le Denali et le mont Blanc. L'Everest était son rêve et il s'y préparait depuis deux ans. Rodrigo, quarante-neuf ans, ingénieur à l'origine, était guide de montagne, ce qui n'est pas banal pour un Brésilien. En 2011, il était devenu le premier Brésilien à atteindre l'Everest pour la deuxième fois et avait coécrit un livre[8] à la suite de cette ascension. Aujourd'hui, c'était sa dernière expédition en tant que guide. Il voulait prendre sa retraite et créer sa propre entreprise. Pour marquer son départ, il avait décidé de sauter du toit du monde en parapente, mais cela, nous ne l'apprîmes que plus tard. C'était la raison pour laquelle les Brésiliens avaient d'énormes sacs, une dizaine au total ; en plus du matériel de tournage, ils devaient aussi apporter l'équipement pour voler !

Je discutai un moment avec Rodrigo, puis lui fis part de mon souhait d'aller au Kongma La, un col à 5 535 mètres d'où l'on peut admirer l'impressionnant versant sud du Nuptse et du Lhotse, ainsi que l'Ama Dablam, la plus belle des montagnes pour les Sherpas. Le col étant très enneigé cette année, et me trouvant seule, sans guide ni porteur, je lui demandai si nous pouvions exceptionnellement faire le trajet ensemble pour cette partie seulement. Je lui précisai que, même si je portais mon sac, j'avais un bon rythme de marche. Mon Dieu, que n'avais-je pas dit ! Observant son expression, je compris que ma proposition était loin de l'enthousiasmer. J'en eus la certitude lorsqu'il me signifia que je ne pourrais pas les suivre et que je risquais de les retarder. Face à sa réaction, je finis par renoncer. Je préférai me passer du Kongma La plutôt que de m'imposer dans un groupe qui ne voulait pas de moi. Le lendemain matin, ironiquement, le temps était très nuageux et les Brésiliens durent renoncer au Kongma La et se rendre directement à Lobuche par le chemin normal. De plus, Julio avait été malade toute la nuit et devait redescendre un peu plus bas avec Durga pour se reposer.

---

8 Rodrigo Raineri et Diogo Schelp, *No Teto do Mundo* (Leya, 2012).

Après deux nuits passées à Dingboche, je partis moi aussi pour Lobuche. Le sentier ne m'était pas étranger, l'ayant déjà emprunté en 2008. Je me souvins en particulier de la montée au col Tokla, où de nombreuses stèles funéraires dédiées aux grimpeurs et aux sherpas morts en montagne sont érigées. Rien de très réjouissant à la vue de ces stèles, mais c'était la règle du jeu et je ne pouvais pas y échapper. Sorte de prélude à l'ascension, ces stèles viennent nous rappeler les risques inhérents à la haute montagne et nous renvoient à la fragilité de notre existence ici-bas. Perpétuant le souvenir de ces himalayistes, elles viennent par ailleurs entretenir une relation intime entre eux et le monde des vivants.

J'arrivai finalement à Lobuche, à 4 940 mètres. Le temps était exécrable. Il faisait froid et il neigeait. Il y a plus de dix ans, j'avais dormi dans ce trou, au beau milieu de nulle part, à même le sol. Je n'avais bien évidemment pas fermé l'œil de la nuit. Des lodges avaient été construits depuis, mais il était clair que ces petits villages n'étaient pas faits pour accueillir autant de personnes à la fois. Après plusieurs tentatives dans différents lodges, tous déjà complets, une auberge m'accepta. Par le plus grand des hasards, j'y retrouvai Rodrigo et Mauro en compagnie de Dania, une Péruvienne rencontrée à Katmandou et avec qui j'avais sympathisé.

Dania voyageait depuis quelque temps déjà dans le monde entier et donnait des cours de plongée. Et drôle de coïncidence, elle connaissait un de mes amis au Pérou, un spécialiste des fonds marins, Yuri Hooker, avec qui j'avais travaillé à l'âge de vingt ans.

Un bien petit monde ! Amoureuse de la mer, Dania était aussi passionnée par la montagne et avait prévu d'escalader les trois principaux 6000 de la région : Lobuche, Mera et Island Peaks.

Nous restâmes donc tous les quatre dans la salle à manger et discutâmes de tout et de rien, mais surtout du Brésil et des activités de Rodrigo pour les jeunes défavorisés, comme sa tour d'escalade mobile qu'il transporte dans les quartiers difficiles pour que les jeunes puissent s'essayer à l'escalade.

Comme le temps se détériorait, j'allai me réfugier dans ma chambre et m'immergeai dans mon sac de couchage. J'avais déjà très froid. Comment allais-je donc survivre tout en haut ? Je me sentais également très seule. Plus tard, alors que je me rendais aux toilettes, je rencontrai Dania dans le couloir. Nous parlâmes, et elle devina que je ne me sentais pas bien. Comment parvenait-elle à ne pas souffrir de la solitude ? Comme je le compris plus tard, Dania ne voulait pas d'une relation conventionnelle et la vie de famille ne l'intéressait pas. Si nous avions en commun le goût des voyages et de l'aventure, nous étions cependant différentes en termes de besoins émotionnels et de stabilité familiale.

À 5 heures du matin, je fus réveillée par un groupe de Chinois pour le moins bruyants. Gorakshep était la destination finale aujourd'hui. Bien que les possibilités d'hébergement fussent encore plus réduites qu'à Lobuche, je décidai de passer la nuit à Gorakshep. Je n'étais pas pressée de me rendre au camp de base ; j'aurais bien le temps de l'explorer dans les semaines à venir. Arrivée là-bas, et comme je m'y attendais, il y avait déjà beaucoup de monde. Je réussis néanmoins à trouver une chambre.

La dernière fois que je m'étais rendue à Gorakshep, j'étais avec mes deux amis sud-américains. Nous avions grimpé le Kala Pattar, le « belvédère de l'Everest », et nous étions reposés un moment dans l'un des rares lodges de l'époque. Je me rappelai alors cette Française, Corinne Favre, qui était descendue du camp de base de Pumori pour me saluer. Au tout début du trek, peu après Jiri, j'avais sympathisé avec cette skieuse et traileuse hors pair, habituée des podiums. Les Népalais, la voyant courir à toute vitesse dans les montagnes, n'en revenaient pas. Lorsque j'étais retournée à Katmandou, j'avais essayé d'obtenir des nouvelles, mais en vain. Je la revis par hasard cinq années plus tard seulement, dans la rue principale de Chamonix. Elle me raconta. Un sérac s'était effondré sur elle alors qu'elle se trouvait sur les pentes du Pumori, et elle avait dû être évacuée d'urgence à Katmandou avant d'être rapatriée en France. Un miracle qu'elle ait survécu !

Après avoir bu un café, je me rendis au Kala Pattar, premier d'une série d'allers-retours à la « montagne noire » pour m'acclimater. Situé à 5 600 mètres, Kala Pattar offre l'un des plus beaux points de vue sur l'Everest, le Nuptse et le Lhotse, ainsi que de nombreux autres sommets. Il est cependant dommage qu'un défilé d'hélicoptères presque permanent vienne polluer le paysage visuel et sonore de ce magnifique endroit. Au lieu des deux heures annoncées par les agences de trekking, il me fallut environ une heure pour atteindre le sommet. Comme le bon vin, il semble que je m'améliore avec les années, la montée me semblait beaucoup moins difficile qu'une décennie auparavant.

En haut, je rencontrai un couple d'Allemands qui, sans se douter, firent mention de « ces fous qui escaladent l'Everest et autres 8000 ». Oups… Je finis par leur avouer que j'en faisais partie ! L'air gêné, ne sachant pas très bien comment réagir, ils changèrent rapidement de sujet.

L'après-midi, dans le lodge, je retrouvai un Français et une Belge que j'avais rencontrés juste avant Namche. Le Français, propriétaire d'un hôtel et d'une chambre d'hôtes près de Lyon, promit de m'offrir une nuit dans la plus belle chambre de son hôtel avec mon chéri si j'arrivais au sommet. C'était très gentil de sa part. Dommage que son amie belge, sans doute pour me rassurer, eut la délicatesse de me demander lequel des membres de mon équipe allait mourir.

Je ne saurais dire si c'était lié à sa question, mais je vomis toute la nuit. Et bien sûr, j'avais choisi l'endroit le plus infâme de tout le trek pour tomber malade ! Je passai ainsi la nuit aux toilettes, réveillant certainement tous mes voisins. Bien plus tard, je réalisai que c'était « l'anniversaire » de mon hémorragie cérébrale. Je suis convaincue que le corps a une mémoire et qu'il enregistre tout. Après un traumatisme, quel qu'il soit, on ne cesse de reproduire inconsciemment des actions, émotions et sensations liées à ce traumatisme. On revit ce dernier constamment, et l'on agit en conséquence. Cela est visible, par exemple, à la suite de guerres et de diverses formes de violence. Et quand bien même les traumatismes datent de l'enfance et sont enfouis, nous adoptons toujours des réflexes automatiques qui nous font réagir sous l'influence du trauma sans comprendre.

CHAPITRE 2

LE CAMP DE BASE

Nos actes, nos paroles et nos pensées déterminent notre karma, autrement dit, le bonheur et la souffrance qui seront notre lot.
Dilgo Khyentsé Rinpoché

Une arrivée fracassante

Le matin, à Gorakshep, alors que tout le monde s'apprêtait à partir, j'étais incapable de me lever. Frigorifiée, je bouillonnais de fièvre et n'avais tout simplement plus d'énergie. Je ne pouvais cependant pas rester dans cet endroit crasseux ; je devais absolument me mouvoir et me rendre au camp de base (5 345 m). J'envoyai des messages à ma famille, les informant que j'étais malade et que je les contacterai plus tard. Grosse erreur. En l'absence d'Internet au camp de base, il leur fallut attendre trois jours remplis d'inquiétude avant de recevoir de mes nouvelles. Me forçant à me lever, je me mis finalement en marche et j'atteignis le camp de base en deux heures grâce à un médicament miraculeux, Coca-Cola !

C'était la première fois que je me rendais au camp. Je n'avais pas souhaité y aller lors de mon premier trek au Kala Pattar en 2008, ou peut-être avais-je pressenti qu'un jour j'y passerais beaucoup de temps. Appelé « Everest Base Camp », ce camp est en fait commun à trois ascensions : le Lhotse, le Nuptse et la voie sud de l'Everest – la voie nord, considérée comme plus difficile, plus austère et moins fréquentée, se trouve au Tibet. Fin avril 2002, j'avais d'ailleurs séjourné quelques jours au camp de base de l'Everest, côté tibétain, après que mon périple au mont Kailash, le plus sacré des pèlerinages pour les hindous, les bouddhistes, les böns et les jaïns, eut été annulé en raison de la neige qui bloquait le dernier col pour y accéder. Avec le recul, je me demande si le véritable objectif de ce pèlerinage au Kailash n'était pas de me rendre au pied de Chomolungma.

Le camp de base, petit village aux centaines d'occupants, ressemblait un peu à une version plus luxueuse des camps que je visitais pour retrouver les enfants séparés de leur famille après le séisme en Haïti. N'étions-nous pas nous aussi des enfants égarés à la recherche de leur mère, Chomolungma ? C'était un véritable dédale de tentes, éparpillées ici et là. Nous étions, c'est sûr, loin des vallées secrètes de l'Himalaya ! Selon certaines croyances, ces vallées, cachées du reste du monde et protégées par les sommets qui les entourent, seraient destinées à servir de refuge aux sages en temps de guerre ou de catastrophe écologique. Ici, en tout cas, rien de mystérieux. Je ne connais pas d'endroit sur terre à la fois aussi peuplé et aussi haut que le camp de base ! En outre, il y avait ce défilé quotidien de randonneurs qui venaient observer les drôles énergumènes qui y vivaient.

Ce camp de base devait devenir ma maison pendant les prochaines semaines, servant de lieu de repli après chaque excursion en haute altitude. Pas déplaisant pour un foyer temporaire. La vue, même si elle ne nous permettait pas de voir les pentes supérieures de la montagne, était tout simplement splendide, avec la grande cascade de glace du Khumbu juste en face. Nous devions traverser cette dernière pour accéder à la combe Ouest afin d'emprunter la voie menant au sommet. Ce passage à travers la cascade de glace n'est pas sans danger, et comme le note l'alpiniste autrichien Peter Habeler : « La cascade de glace est un avertissement de la montagne pour tous ces gens imprudents qui auraient l'audace de déranger sa paix[9]. »

On m'avait dit que nos tentes étaient situées au milieu du camp. Alors que je cherchais, j'entendis soudain mon prénom. C'était Lalu, mon ancien cuisinier au camp de base de l'Himlung, qui m'appelait et me faisait signe de la main. Heureuse de retrouver un visage familier dans ce lieu immense, je me précipitai vers lui sans même regarder où je mettais les pieds. Et me voilà en train de glisser sur la roche mouillée. Je finis sur les fesses, mains et coudes ensanglantés. Une gastro, une chute... Quel début pitoyable ! En raison du manque d'oxygène à cette altitude, ces petites coupures et écorchures mirent du temps à cicatriser. Après ces retrouvailles et une tasse de thé, je rejoignis mon campement, que Lalu avait pris soin de m'indiquer. Je fus accueillie par le cuisinier, Khecha, qui m'adressa quelques mots en français, ainsi

9 Peter Habeler, *The Lonely Victory* (Simon and Schuster, 1979).

que par le frère du directeur de l'agence, Moti. À peine ma tente attribuée et mes deux gros sacs récupérés, je me rendis dans mon nouveau chez-moi. Bonheur suprême, un vrai matelas ainsi qu'un oreiller m'attendaient ! Je ne pouvais pas les décevoir et me donnai entièrement à eux. Exténuée, m'effondrant littéralement sur le matelas, je restai ainsi deux heures dans la position du cadavre. Il faisait bon, le soleil me réchauffait, l'extase !

Situé sur le glacier du Khumbu, avec seulement quelques centimètres de sable et de roche le séparant de la glace, le camp fait figure d'une véritable prouesse technique. Il fallut plusieurs jours à l'équipe népalaise pour transporter la roche, la niveler, puis construire. Juste devant le camp, des pinacles de glace se dressaient, ils seraient notre terrain de jeu pour s'entraîner avant l'expédition : rappel, pratique du piolet, passage d'échelle et utilisation du jumar. Le jumar est un anti-bloquant utilisé comme frein sur la corde fixe ; il est destiné à la très haute altitude où chaque effort devient plus difficile en raison de la rareté de l'oxygène

Ma tente était relativement bien située, un peu à l'écart de la tente-cuisine, souvent bruyante car lieu de vie des Népalais, et pas trop proche des toilettes, une petite tente en hauteur, très étroite, perchée un peu au-dessus du campement. Dans cette atmosphère hyper masculine, je dois reconnaître que je n'étais pas toujours très à l'aise pour utiliser les mêmes toilettes que mes camarades, mais je n'avais pas d'autre choix. Autour de notre campement se trouvaient celui de l'agence Wild Yak, dirigée par Norbu Sherpa et Andrea Zimmermann, ainsi que celui du National Geographic, qui ne cessa de nous importuner avec ses drones qui encerclaient notre campement dès le petit matin. Ces derniers étaient autorisés à pénétrer dans le parc national sous condition de payer un permis de 10 000 dollars. Certains dans l'équipe eurent même l'idée d'utiliser des lance-pierres pour les dissuader de s'approcher.

Les drones du National Geographic ne furent pas les seuls éléments perturbateurs. Après le tremblement de terre de 2015, de multiples groupes électrogènes furent mis en place pour fournir une alimentation de secours, et ne quittèrent jamais les lieux. À cela s'ajoutait un défilé d'hélicoptères qui s'intensifia tout au long de l'expédition. Chacune de leurs visites, que ce soit au camp de base ou aux camps supérieurs, me rappelait l'insécurité et la présence permanente du danger. L'irruption de l'hélicoptère, tel un oiseau de mauvais augure, ne fut jamais bon signe.

Après ce repos bien mérité, j'organisai mes affaires dans la tente. Dans un des recoins, je préparai un petit autel avec quelques photos, une petite statue et quelques graines données par le lama, puis j'accrochai la *khata* au plafond. Je déballai ensuite mes affaires, petit à petit. J'avais mon coin bibliothèque, mon coin beauté et hygiène, mon coin nourriture, celui des gants et casquettes, etc. Dans mes deux grands sacs, mes affaires étaient toutes rangées par catégorie dans de grands sacs plastique. Proie facile des petites bestioles et prédisposée à l'urticaire, je mettais systématiquement mes affaires dans des sacs plastique lorsque je partais en voyage, limitant ainsi les risques de piqûres, même s'ils sont minimes à ces hauteurs. Deux des petits matelas qui étaient attachés à mes sacs avaient disparu. Je les récupérai auprès de l'équipe népalaise qui les avait « empruntés ».

Plus tard, dans la tente mess, je retrouvai les Brésiliens ainsi que l'équipe américaine, qui était arrivée la veille après avoir franchi le col du Cho La et parcouru les vallées de Dzongla et du Khumbu. Seul Morgan était absent car il souffrait d'une infection respiratoire. Il y avait aussi Saoud, un autre grimpeur qui dirigeait une agence de voyages en Arabie saoudite ; il avait déjà escaladé quelques montagnes, notamment l'Ama Dablam, et voulait maintenant atteindre le toit du monde. Je rencontrai également une autre personne qui ne faisait pas partie de l'expédition à proprement parler, mais qui la suivait de près : Jase Wilson, un Canadien venu effectuer sa recherche doctorale sur le tourisme dans la « zone de la mort », c'est-à-dire au-dessus de 8 000 mètres, où la concentration en oxygène n'est plus que le tiers de celle au niveau de la mer. Jase s'intéressait notamment aux raisons pour lesquelles des gens du monde entier risquent leur vie pour atteindre le toit du monde. Séjournant au camp de base, il avait prévu de mener de nombreux entretiens avec des alpinistes, tant ceux de l'Everest que du Lhotse, mais aussi avec des travailleurs d'altitude, dont des sherpas, et toute autre personne impliquée dans le maintien de l'économie de la zone de la mort.

Au total, l'équipe non népalaise était composée de onze personnes : cinq Américains, un Canadien, trois Brésiliens, un Saoudien et moi-même. J'étais donc la seule femme de l'équipe, mais mon amie péruvienne Dania devait être présente les premiers jours, et deux Australiennes, une mère et sa fille, Jane et Gaby, allaient passer deux nuits dans notre campement dans le cadre de leur trek[10]. Sur les neuf alpinistes que nous étions – Julio et Jase ne grimpaient pas –, cinq allaient à l'Everest : Rodrigo, Mauro, Morgan, James et Saoud, et quatre au Lhotse : John, Graham, Chris et moi-même.

Dès mon arrivée, j'appris qu'un énorme incendie avait ravagé Notre-Dame de Paris le 15 avril, provoquant l'effondrement de la flèche. J'étais littéralement choquée et ne pouvais y croire. Ce n'était pourtant pas la première fois que Notre-Dame de Paris brûlait, mais je ne pouvais pas me résigner à accepter cette nouvelle. Née à côté de Paris, ayant vécu dans la Ville Lumière, j'étais particulièrement attachée à ce monument. Ne disposant pas d'informations supplémentaires, et du fait de mon travail passé au ministère des Affaires étrangères sur les questions d'extrémisme violent, je pensai à un acte terroriste. Mon état d'esprit, dans tous les cas, s'en trouva affecté, et même s'il n'y avait pas de lien apparent, je ne pouvais m'empêcher de faire un parallèle entre la destruction de Notre-Dame et l'ascension de ces « cathédrales de la Terre », comme Ruskin aime désigner les montagnes.

Au même moment, j'appris également que trois des plus grands alpinistes de notre époque, David Lama, Jess Roskelley et Hansjörg Auer, étaient décédés dans une avalanche dans les Rocheuses canadiennes alors qu'ils tentaient la première répétition de la voie M16 en face est du Howse Peak. Je pensai immédiatement à Vitus Auer, le frère de Hansjörg, rencontré lors de

10 Quelques mois plus tard, en septembre 2019, Jane Kanizay et sa fille Gabrielle (Gaby) réussirent l'ascension du Cho Oyu. Gabrielle, âgée de seize ans à peine, devint la plus jeune femme au monde à accomplir un tel exploit.

mon ascension de l'Himlung. Lui et ses amis ouvraient alors une nouvelle voie vers le sommet voisin, l'Himjung (7 092 m). Je me souvins notamment de la soirée où nous avions célébré mon succès au sommet, et de leurs délicieux mets autrichiens. J'imaginai l'immense chagrin que Vitus devait avoir.

Un 6000 express

Après deux jours de repos au cours desquels je ne mangeai quasiment rien, je décidai de faire ma première ascension, le Lobuche Peak (6 119 m). J'avais alors déjà perdu deux trois kilos en seulement trois jours, alors que je n'avais même pas commencé l'expédition proprement dite. Non pas que je fus réticente à perdre un peu de poids, mais je devais garder des réserves pour la suite. Chris, désireux de s'exercer à nouveau sur un 6000 et de parfaire son acclimatation, décida de m'accompagner.

L'ascension de sommets de plus de 6 000 mètres, tels que le Lobuche ou le Mera Peak, fait partie intégrante de la stratégie d'acclimatation, et devient de plus en plus populaire parmi les grimpeurs qui veulent éviter les allers-retours sur la dangereuse cascade de glace. À cet égard, avec le réchauffement climatique et l'afflux croissant de grimpeurs, notamment chinois et indiens, les candidats à l'Everest pourraient systématiquement utiliser à l'avenir des hélicoptères pour traverser la cascade de glace. Certains envisagent même de construire un téléphérique.

Chris, un ancien ranger, marchait tellement vite que je peinais à le suivre. Il ne connaissait personne pouvant marcher aussi vite que lui, disait-il. Une fois à Lobuche, nous décidâmes de partir directement vers le sommet sans passer la nuit au camp d'altitude. Cette idée me plut, elle m'évitait une nuit glaciale sous la tente.

Après quelques heures de repos, nous commençâmes notre marche vers minuit. Depuis le camp de base du Lobuche, nous atteignîmes rapidement le fond de la vallée et une zone de blocs que nous franchisâmes aisément. Puis, nous gravîmes un pierrier sur une sente qui menait à une petite barre rocheuse, et arrivâmes finalement au camp supérieur (5 290 m). Après trois heures de marche, je me sentais déjà fatiguée ; ma gastro-entérite avait mis à mal mon corps et j'en payais le prix. Je devais néanmoins aller de l'avant et ne pas retarder Chris. Chemin faisant, je dus cependant m'arrêter pour me dévêtir. Par crainte du froid, j'avais la fâcheuse habitude d'empiler les couches, ce qui m'empêchait de marcher et respirer correctement. Après m'avoir donné un de ces infects gels énergétiques pour que je puisse récupérer un peu, Chris fila droit devant. Je me souvins d'avoir revu un Chinois et son sherpa que j'avais rencontrés en allant au camp de base de l'Everest. Le Chinois était attaché au guide par une corde et se faisait littéralement tirer par lui ! Quel calvaire pour le sherpa d'emmener son client au sommet de l'Everest dans de telles conditions ! Nous remontâmes un système de vires et de rampes rocheuses qui, progressivement, nous conduisirent au pied des dernières pentes glacées. L'inclinaison augmentait pour atteindre les 45 degrés dans la dernière partie. Peu après le lever du soleil, nous atteignîmes le sommet, du moins le faux sommet. Un magnifique panorama de sommets himalayens à 360 degrés s'offrait à nous.

La descente se fit lentement, mes pieds me faisaient mal. J'avais bien tenté de casser les nouvelles chaussures avant de partir, mais en vain. Arrivés au camp d'altitude, nous retrouvâmes nos bottes de trekking laissées la veille. Il était encore tôt le matin, mais bizarrement, j'avais l'impression que la journée s'était déjà écoulée, et que la nuit allait bientôt tomber. Je me sentais totalement décalée. Sur le chemin du retour, nous rencontrâmes Mauro, seul avec un sherpa ; son ami et guide Rodrigo était malade et n'avait pas pu l'accompagner. Si nous avions su, nous aurions pu faire l'ascension avec lui. Nous étions tous les trois épuisés et marchions lentement. Quand nous arrivâmes à Lobuche, nous nous effondrâmes littéralement sur nos sacs de couchage et dormîmes jusqu'aux petites heures du matin. Et dire que nous voulions retourner directement au camp de base après le sommet !

Le retour le lendemain fut relativement plaisant, même si j'étais très fatiguée. L'ascension du 6000 sans étape préalable, la quasi-absence de sommeil la veille et ma gastro-entérite avaient eu raison de moi. Sur le chemin, parmi les innombrables trekkeurs, je rencontrai un groupe de l'armée indienne qui se dirigeait vers le camp de base. J'accélérai alors mon rythme pour les suivre, ce qui me permit de dépasser facilement tous les trekkeurs qui bloquaient le chemin et créaient des embouteillages. Presque tous ces militaires indiens venaient des montagnes, en particulier du Ladakh, et se considéraient comme des « Tibétains » dans l'âme. Je sympathisai plus particulièrement avec Tsering, qui m'invita par la suite à la *puja* de l'armée indienne et m'offrit une sorte de « gri-gri » béni par Sa Sainteté le

Dalaï-Lama. J'acceptai volontiers ce présent, qui me rappela ma bénédiction vingt ans plus tôt à Dharamsala, lorsque j'avais remis une *khata* au Dalaï-Lama.

De retour au camp de base, après une brève pause à Gorakshep pour m'approvisionner en Coca-Cola, une habitude que je conserverais tout au long de l'expédition, je me rendis à la clinique du camp, la « MEDIC », pour un examen de mes orteils. La clinique était située au milieu du camp, juste à côté de la tente communication. Son rôle est de dispenser des soins médicaux aux membres des différentes expéditions, népalais et non népalais, sans distinction aucune. La clinique effectue un excellent travail, et les alpinistes qui paient les consultations et les médicaments contribuent à subventionner les soins des sherpas, ces derniers bénéficiant de traitements moins onéreux que dans un hôpital à Katmandou. À mon arrivée, je trouvai deux sympathiques médecins, un Canadien et un Népalais. Ils regardèrent mes pieds et conclurent que je devais changer de chaussures. Rien de plus simple à cette altitude, me dis-je. Je dus ainsi me résigner à continuer de souffrir.

Une configuration céleste peu favorable

Au lendemain de mon retour de Lobuche, et après une « douche purificatrice » à l'aide d'un seau d'eau chaude dans la petite tente prévue à cet effet, la *puja* pour bénir l'expédition eut lieu. Le lama, responsable de la cérémonie, arriva au campement muni de son équipement de choc : clochettes, timbales, *dorje*, etc.

Quel business, toutes ces expéditions à consacrer dans cet immense camp ! Nous étions en plein consumérisme religieux. La *puja* marque le début officiel de l'expédition, elle constitue une étape essentielle sans laquelle aucun Sherpa ne grimpe. Un lama vient généralement officier, récitant des mantras et invoquant la protection des divinités. Tout le matériel, du harnais aux bottes, en passant par le piolet et le casque, en bref, tout ce qui est important et a de la valeur, est placé au pied de l'autel. Diverses offrandes, telles que du riz ou des boissons, sont déposées sur l'autel. Certains voulant également mettre les cendres de leurs proches décédés, le lama leur indiqua qu'il ne fallait pas mélanger, une *puja* différente était requise pour cela. Pendant la *puja*, sherpas et grimpeurs, du moins ceux à l'esprit ouvert, implorent la protection des dieux, en particulier la Déesse Mère Chomolungma.

Plusieurs dates avaient été envisagées, notamment le 17 avril, jour propice au cours duquel d'autres *pujas* avaient lieu au camp. Mais la plupart des sherpas étant absents ce jour-là, elle ne put avoir lieu le 17. Le 18 devait être exclu car c'était un jour de deuil en mémoire des sherpas morts dans l'avalanche de 2014. Le 21 était une date favorable selon le calendrier astrologique, c'était aussi le lundi de Pâques. Cependant, pour que les Brésiliens aient le temps de revenir de Lobuche, la date du 22 fut retenue. Aurions-nous eu moins de malheurs au cours de cette expédition si nous avions effectué la *puja* le 21, comme l'avait recommandé le lama ? J'avais pour ma part déjà eu ma *puja* dans le monastère le plus sacré de la région. C'était le plus important pour moi.

Le lama commença à chanter ses prières. Les assistants frappaient le tambour et allumaient les branches de genévrier qui servaient d'encens. De petites sculptures en pâte à biscuits, appelées *torma*, étaient bénies, puis données aux corbeaux. Accompagnés des chants, des carillons et des battements de tambour, les sherpas soulevèrent un énorme poteau placé au sein d'une structure de granit blanc, l'amarrèrent puis l'ancrèrent. Une fois celui-ci en place, ils attachèrent trois rangées de drapeaux à prières et les répartirent dans tout le campement afin que tout le monde puisse être béni. Une fois les chants terminés, nous jetâmes tous de la farine au vent et nous couvrîmes mutuellement les joues de farine en guise de bénédiction. Chacun plaça un billet de banque dans une *khata* qui fut offerte au lama. Il sortit l'argent, bénit la *khata*, puis la plaça autour du cou de chacun d'entre nous en signe de protection. Une fois tout le monde béni, nous partageâmes des collations cérémonielles – biscuits, cookies, pop-corn, pain tibétain, boissons gazeuses et même du rhum Kukuri ! Ayant décidé de bannir l'alcool pendant l'expédition, j'hésitai à en boire, mais finis par m'abandonner à la volonté divine. Nous reçûmes également un petit cordon rouge, à l'instar de celui que j'avais reçu lors de ma cérémonie individuelle. Curieusement, il ne cessa de se détacher de mon cou tout au long de l'expédition et, vu l'ambiance qui régnait au sein de l'équipe, je finis par l'abandonner.

À cause du mauvais temps, la *puja* ne dura que deux heures. Mauvais signe ? Imperturbable, le lama avec sa petite tenue et ses chaussures de sport était assis devant l'autel, récitant ses mantras alors que la neige tombait sur lui. Bien qu'il fût habitué à la haute altitude et au froid, je me demandai comment il pouvait tenir aussi longtemps. Un des sherpas, équipé d'un parapluie, vint finalement protéger le lama.

Si après chaque *puja*, les sherpas et grimpeurs restent habituellement ensemble autour de l'autel, riant, buvant, et même dansant, cela ne fut pas le cas cette fois-ci. Il neigeait beaucoup trop. Nous reprîmes donc notre équipement, désormais béni, et le rangeâmes dans nos tentes. Occidentaux et Népalais se séparèrent pour se rendre dans leur tente mess respective où des chauffages au propane étaient en marche. L'atmosphère était en réalité un peu lugubre. Sachant que certains avaient avec eux les cendres de leurs proches, il ne pouvait en être autrement. Heureusement, Dania, présente au camp depuis quelques jours, égaya la soirée et, munie de sa mandoline, se mit à chanter. L'une des chansons avait pour thème la femme, avec toutes les souffrances qui l'accompagnent, comme la douleur lors des menstruations, mais aussi la joie et la fierté que procure le fait d'être femme. Au vu du déroulement de l'expédition, cette chanson a une signification très particulière aujourd'hui.

Me duelen los senos, me duelen los senos
me duelen de ser mujer.
Me duelen los senos, me duelen los senos
me duelen de ser mujer.
Porque soy mujer,
porque soy mujer.
Me duelen los senos, me duelen los senos.

me duelen de ser mujer.
Porque yo soy mujer.
Porque deseo ser[11].

Pendant la nuit, les Népalais commencèrent leurs allers-retours à travers la cascade de glace pour transporter les charges (tentes, oxygène, etc.) afin d'établir les camps supérieurs tandis que nous planifions nos rotations. Ces rotations entre les différents camps consistent à faire des incursions en haute altitude avec au moins une nuit dans chaque camp supérieur, puis à redescendre. Leur objectif est de déclencher la production de globules rouges pour compenser le manque d'oxygène qui peut entraîner le mal des montagnes. S'il est recommandé d'effectuer plusieurs rotations pour s'acclimater, je choisis de n'en faire qu'une afin d'éviter la fatigue et surtout ne pas trop m'exposer aux dangers de la cascade de glace. Ayant déjà gravi le Lobuche, cette stratégie me convint parfaitement.

Journée typique au camp de base

Vers 8 heures du matin, les premiers rayons de soleil faisaient leur apparition. Emmitouflée dans mes deux duvets, bien au chaud, je finissais alors par me préparer. Tel un rituel, j'enlevais d'abord mes collants thermiques et mon pantalon en plumes d'oie, puis

11 Mes seins me font mal, mes seins me font mal/Cela fait mal d'être une femme./Mes seins me font mal, mes seins me font mal/Cela fait mal d'être une femme./Parce que je suis une femme/Parce que je suis une femme./Mes seins me font mal, mes seins me font mal/Cela fait mal d'être une femme./Parce que je suis une femme./Parce que je veux l'être.

enfilais à toute vitesse mon pantalon de trekking. Je secouais la tente de l'intérieur pour faire tomber la neige qui s'était accumulée pendant la nuit, et me rendais à la tente mess. D'habitude, Chris arrivait en premier, suivi par Jase ou moi. J'aimais m'asseoir dehors sur une chaise avec mon café, préparé à la népalaise avec du lait en poudre et du Nescafé, et admirer le paysage somptueux devant moi.

Nous prenions ensuite le petit déjeuner tranquillement, sans nous presser, les premiers jours au camp étant consacrés au repos et à l'acclimatation. Au menu, omelette, jambon frit, crêpes ou gaufres, céréales et porridge. Pour ma part, je me contentais généralement de céréales avec du lait en poudre. J'avais apporté de France différentes pâtes à tartiner à base de chocolat, mais n'en mangeai aucune finalement de toute l'expédition, cela m'écœurait.

Un peu plus tard dans la matinée, certains, surtout Saoud et moi je dois dire, se rendaient parfois au Kala Pattar. À midi, je m'abstenais généralement de déjeuner, n'ayant pas particulièrement faim. Vers 15 heures, la neige recommençait à tomber, ce qui était assez inhabituel à cette époque de l'année. Vers 17 heures, alors que la température commençait à baisser, nous allions nous réfugier dans la tente mess pour prendre un peu de thé et du maïs soufflé, puis dînions une heure plus tard.

En entrée, nous avions une soupe chaude, dans laquelle on pouvait ajoutait des crackers en guise de croûtons. Pour le plat principal, cela variait, mais je n'hésitais pas à manger de la viande dès qu'il y en avait, même si j'en consomme généralement très peu. Avec des écarts de température allant de 30 à 40 degrés, je me demandais combien de fois les poulets avaient été congelés et décongelés. À cela s'ajoutaient des pommes de terre, des pâtes ou du riz. Même si les légumes étaient rares à cette altitude, nous avions un peu de chou, de concombre, de carottes et de légumes à feuilles vertes. Si les repas étaient relativement bons, je continuai à rêver de saumon et d'un verre de vin blanc tout au long de l'expédition. Saoud ne m'aida pas beaucoup, évoquant à plusieurs reprises l'excellent saumon de l'hôtel *Yak & Yeti* à Katmandou.

Vers 20 heures, munis de nos frontales, nous nous dirigions vers nos tentes. Comme je ne prenais pas de dessert, souvent des fruits en conserve, je m'autorisais un petit morceau de chocolat dans ma tente, ou un ou deux petits calissons. Par chance, les souris épargnèrent mes provisions, car ces petites créatures existent bel et bien au camp et sont très actives !

L'heure du coucher nécessitait une préparation minutieuse pour éviter de se réveiller au milieu de la nuit notamment pour uriner. Malgré toutes les précautions prises, je me réveillais souvent plusieurs fois, remplissant jusqu'à un litre et demi d'élixir jaune la bouteille verte prévue à cet effet. Portant mes habits les plus chauds – un collant thermique, un pantalon en plumes d'oie, une veste en duvet et deux ou trois pulls thermiques –, je me glissais, comme une poupée russe, dans mes deux sacs de couchage imbriqués l'un dans l'autre. L'un résistait à des températures allant jusqu'à – 20 °C, l'autre jusqu'à – 40 °C. Avec mon chapeau sur la tête et des écouteurs sur les oreilles, j'écoutais des conférences, des enseignements sur différents sujets, mais je finissais généralement par m'endormir au bout d'une trentaine de minutes. Quant aux séances d'hypnose ou de sophrologie, j'avais rapidement abandonné à cause de la position inconfortable dans laquelle je me trouvais et des plumes d'un des sacs de couchage qui me chatouillaient les narines. Parfois, je me réveillais la nuit avec les vibrations et le bruit assourdissant des avalanches qui me secouaient jusqu'au plus profond de mon être.

Lorsque je me sentais anxieuse, je prenais quelques gouttes de Fleurs de Bach. Selon le docteur Bach, médecin homéopathe anglais du XIXe siècle à l'origine de l'élaboration de ces élixirs végétaux, chaque fleur de Bach correspond à une émotion spécifique, une énergie particulière, et a le pouvoir d'agir sur elle, en transformant un état négatif en un état positif. Difficile de dire si cela eut un quelconque effet, mais tant que l'âme, le corps et l'esprit sont en harmonie, je pense que rien ne peut nous affecter, et que pour soigner les maladies, il faut agir aussi sur les émotions.

Signes d'alerte

Un soir, alors que l'ambiance était plutôt conviviale, un événement me mit hors de moi. Vers 19 heures, un porteur népalais, connu pour avoir volé 300 dollars dans le sac de Morgan, arriva soudainement au campement et fut accueilli à bras ouverts par les Américains. Comme les Brésiliens, je fus surprise par une telle réaction de sympathie envers le voleur. Ce dernier n'avait rien à faire ici et représentait un danger pour toute l'expédition. Tout le monde ici avait de l'argent et du matériel coûteux dans les tentes (téléphones satellites, caméras, ordinateurs, etc.). Je demandai donc aux Américains de chasser le voleur, d'autant que cela avait déjà fait l'objet de discussions les jours précédents. Comme ils ne réagirent pas, je me résolus à le faire moi-même. Je parlai et fis des gestes en lui montrant la porte de sortie de la tente, mais en vain. Il se comportait comme s'il ne comprenait pas, et personne dans la tente n'intervint. J'étais la seule femme et c'était à moi de faire le sale boulot ! Cela me rendit encore plus furieuse et mon cœur se mit à battre très vite. Rien d'étonnant à cela : à une telle altitude, la fragilité émotionnelle est extrême, nos émotions sont décuplées et la moindre contrariété peut prendre une ampleur considérable. Comme le voleur ne quittait toujours pas les lieux, j'allai voir l'équipe népalaise et leur demandai de le faire déguerpir. Ce qu'ils firent sans tarder. J'étais néanmoins déçue et déconcertée par le manque de courage des Américains. Le fait de penser que j'allais être en haut avec eux m'inquiétait, je ne pouvais certainement pas compter sur ces derniers.

Pressentant le déroulement futur de l'expédition, j'allai parler à mon sherpa le lendemain matin et lui fis comprendre qu'il était hors de question pour moi de grimper avec les Américains. C'était mon ascension, mon sommet, et je ne voulais dépendre de personne, sauf du sherpa, lui en l'occurrence. Ici, l'esprit de groupe n'avait aucune raison d'être, il n'y avait pas de fraternité de cordées possible. De toute façon, à part Chris, les Américains n'avaient pas du tout le même rythme que moi. Graham, accompagné de John, voulait grimper sans oxygène, et James et Morgan étaient sujets au mal des montagnes, n'ayant même pas réussi à atteindre le sommet relativement facile du pic Mera. Mon sherpa m'écouta attentivement, sans néanmoins laisser paraître la moindre émotion. Sa seule réaction fut de me demander si c'était tout ce que j'avais à dire. Espérant probablement une tout autre réponse, un signe quelconque de soutien, quelques mots, je restai interloquée et m'abstins de m'enquérir sur le plan d'action.

Psychose ou réalité?

Alors que j'attendais patiemment la première rotation, je fus interviewée par un étudiant en médecine de l'université d'Innsbruck. Fabio menait une étude sur les phénomènes psychotiques en haute altitude, non seulement pour aider les alpinistes à mieux se préparer et établir des stratégies s'ils se trouvaient affectés par de tels phénomènes, mais aussi afin de mieux comprendre des maladies psychiatriques telles que la schizophrénie.

Venant de lire *Un héros* de Félicité Herzog, je ne pus m'empêcher de faire le lien avec son frère atteint de schizophrénie, une maladie encore mal connue. Dans son roman, qui s'apparente davantage à un récit autobiographique, Félicité Herzog raconte l'histoire de sa famille; elle n'hésite pas à casser l'image de son père, Maurice Herzog, doutant de son ascension de l'Annapurna et évoquant un « pacte inavouable entre ces deux hommes [Louis Lachenal et Maurice Herzog], unis pour le pire dans un mensonge de cordée et l'édification de ce qui deviendra un mythe national[12] ».

12 Félicité Herzog, *Un héros* (Grasset, 2012).

Il existe de nombreux exemples de ces manifestations psychotiques, y compris chez les plus grands alpinistes. Reinhold Messner, lors de son ascension sans oxygène, entendit des sons étranges à l'éperon des Genevois : « J'ai entendu quelque chose, pas une musique, mais un murmure, un bourdonnement, comme ceux qu'on perçoit la nuit, dans les grandes églises vides, quand tout le monde est parti. N'as-tu jamais entendu chanter les montagnes, Peter ? [....] Si tu faisais attention, il y a des endroits où la montagne émet vraiment des sons, sans rythme, sans mélodie, une sorte de bourdonnement[13]. » Pierre Béghin, himalayiste français, entendait lui aussi des voix à 8 200 mètres lors de son ascension solitaire du Kangchenjunga en 1983 : « On parle dans mon dos. Des mots chuchotés dont je ne peux saisir le sens ! À la fois perceptibles et incompréhensibles. Des voix que j'ai connues autrefois, qui depuis se sont tues. Des gens de la famille, des amis, qui ont disparu de ma vie[14]. » Habité par Fairy, la divinité du Nanga Parbat avec laquelle il affirmait communiquer, Tomas Mackiewicz, *alias* Tomek, le compagnon de cordée d'Élisabeth Revol, entendait également des voix. En 2015, seul sur le Nanga, versant Rupal, il avait entendu : « Je te veux, je te veux ! », puis tout un pan de montagne s'était détaché autour de lui dans une avalanche de plaques. Cette même année, lorsqu'il tomba dans une crevasse, il avait entendu un homme et une femme parler

13 Reinhold Messner, *Everest sans oxygène* (Arthaud, 1979).
14 Pierre Béghin, *Les Cinq Trésors de la Grande Neige* (Arthaud, 1985).

entre eux : « Mais qu'est-ce que tu fais ? – T'inquiète pas, s'il est costaud, il survivra ! », et Tomek avait survécu à une chute de 40, 50 mètres[15].

Les hallucinations sont également courantes chez les alpinistes. Dans son récit *Laissé pour mort à l'Everest*, Beck Weathers raconte la vision qu'il eut alors qu'il était mourant, seul et abandonné à plus de 8 000 mètres : « […] j'ai vu apparaître ma femme, mes deux enfants, aussi nettement que s'ils avaient atterri en chair et en os… apparition suffisamment puissante pour animer mon cerveau. Je ne suis pas particulièrement croyant, mais je peux certifier qu'une force intérieure a rejeté la mort, puis m'a guidé, aveugle et titubant (la marche d'un mort-vivant, littéralement) jusqu'au campement et m'a insufflé la vie[16] ».

La sensation de séparation physique peut également se produire à plus de 8 000 mètres, comme on peut l'observer dans le cas d'expériences de mort imminente ou de chamanisme, décrites notamment par Mircea Eliade. Dans cet oxygène rare, le grimpeur a la sensation de quitter son corps, comme s'il s'était détaché de lui-même et se regardait. Lors de son ascension de l'Everest sans oxygène avec Reinhold Messner, Peter Habeler raconte son expérience hors du corps : « Il me semblait avancer à côté de moi-même, et j'avais l'illusion qu'une autre personne marchait à ma place. Cette autre personne arriva au ressaut Hillary, ces périlleux 25 mètres d'arête, et puis grimpa et se hissa dans les pas de ses prédécesseurs. Il avait un pied au Tibet

15 Élisabeth Revol, *Vivre. Ma tragédie au Nanga Parbat* (Arthaud, 2019).
16 Beck Weathers, *Laissé pour mort à l'Everest* (Glénat, 2015).

et un autre au Népal. Du côté gauche, il y avait 2 000 mètres de descente vers le Népal ; du côté droit le mur tombait de 4 000 mètres en Chine. Nous étions seuls, cette autre personne et moi. Bien qu'il fût attaché à moi par une courte portion de corde, Reinhold n'existait pas[17]. » Reinhold Messner, de la même manière, dit : « Après le ressaut, celui qui grimpait, ce n'était plus moi[18]. »

Un autre phénomène se produit assez fréquemment chez les alpinistes confrontés à des situations extrêmes, celui de la présence d'une tierce personne. Le grimpeur en difficulté, notamment en zone de mort, peut parfois ressentir la présence d'un compagnon invisible, qu'il percevra souvent comme bénéfique. Surnommée également « le troisième homme » par John Geiger, auteur canadien du livre *L'Ami invisible*[19] qui s'est basé sur de multiples témoignages de grimpeurs, mais aussi de marins solitaires, de plongeurs, et même de survivants du 11 septembre pour élaborer sa théorie, cette présence pourrait trouver son origine dans divers facteurs : solitude, fatigue extrême, froid ou blessure, perte d'un compagnon de cordée, mysticisme, urgence d'un secours. Pierre Béghin écrit ceci : « soudain, je sens comme une présence au-dessus de moi[20] ». En 1933, sur l'arête nord de l'Everest, le Britannique Frank Smythe offrait une part de gâteau à un compagnon invisible. En 1970, lors de sa descente infernale au Nanga Parbat avec son frère,

17 Beck Weathers, *Laissé pour mort à l'Everest* (Glénat, 2015).
18 Reinhold Messner, *Everest sans oxygène* (Arthaud, 1979).
19 John Geiger, *L'Ami invisible* (J.-C. Lattès, 2012).
20 Pierre Béghin, *Les Cinq Trésors de la Grande Neige* (Arthaud, 1985).

Reinhold Messner ressentit également cette présence : « Soudain, un troisième alpiniste est près de moi ; [...] Je le sens un peu à droite de moi, à quelques pas hors de mon champ de vision. Je ne pourrai voir sa silhouette sans abandonner la concentration requise par la désescalade, mais je suis sûr qu'il y a quelqu'un[21]. »

En lien avec mes travaux de thèse sur l'expérience religieuse des dévots de la sainte, Ma Anandamayi, il est intéressant de noter le parallèle existant entre les expériences vécues par ces alpinistes et celles d'une communauté religieuse indienne. Les manifestations sont similaires : visions, voix, impression d'une tierce personne bienveillante, etc., mais ce que les Occidentaux apparentent à de la folie est perçu différemment par les Indiens. Dans leur étude *La Folle et le Saint*, Catherine Clément et Sudhir Kakar mettent ainsi en parallèle la vie de Madeleine, une Française internée pour folie pendant plusieurs années à l'hôpital de la Salpêtrière, à Paris, avec la vie du mystique hindou Ramakrishna à Calcutta à la même époque. Les deux vécurent les mêmes expériences sans jamais s'être croisés[22]. Pourtant, alors que l'un était libre et perçu comme saint, l'autre était enfermée pour délire mystique.

21 Reinhold Messner, *La Montagne nue* (Guérin, 2003).
22 Catherine Clément et Sudhir Kakar, *La Folle et le Saint* (Seuil, 1993).

CHAPITRE 3

VOYAGE AUX CONFINS INTERPLANÉTAIRES

Je ne veux pas prier d'être protégé des dangers,
mais de pouvoir les affronter.
Rabindranath Tagore

Un voyage spatio-temporel à travers la glace

Après ce huis clos d'une semaine au camp de base, où les questionnements, les angoisses, les doutes ne cessèrent de me poursuivre, le jour du départ arriva enfin. Je me sentais anxieuse à l'idée d'affronter le glacier, et paradoxalement, j'étais impatiente de passer à l'action et de connaître les joies des échelles, des cordes fixes et autres réjouissances himalayistes.

Il était 2 heures du matin lorsque je m'extirpai de mon sac de couchage. Angoissée à l'idée de mon premier passage sur la cascade de glace, je n'avais dormi que deux heures. J'eus le plus grand mal à me préparer. J'avais déjà très froid, alors que nous n'étions qu'à 5 400 mètres d'altitude. Comme toutes les nuits depuis mon arrivée au camp, il faisait entre – 20 et – 25 °C dans la tente. C'était cryothérapie à volonté ! Comme son nom l'indique, la cryothérapie est une thérapie par le froid extrême qui consiste à diffuser un froid sec sur l'ensemble du corps, à l'exception de la tête, à l'aide de jets d'azote liquide. Le froid ayant des propriétés antalgiques et des vertus anti-inflammatoires, la cryothérapie permet de soulager les douleurs liées à une pathologie spécifique ou à la pratique d'une activité physique. Elle renforce le système immunitaire et favorise la sécrétion d'endorphines, ce qui permet d'obtenir une préparation et une récupération optimales avant et après une compétition sportive. J'eus l'occasion de tester à plusieurs reprises cette méthode au centre de cryothérapie de Chamonix. Ayant résisté à une température de – 150 °C, en petite culotte et soutien-gorge, pendant près de trois longues minutes, je me sentis dès lors capable de braver le froid des hauteurs himalayennes.

Une demi-heure plus tard, je rejoignis la tente mess et pris mon petit déjeuner en silence pendant que les Brésiliens filmaient. Au menu, porridge, toasts et œufs durs. Je n'avais pas faim, mais me forçai à manger un peu. Puis j'enfilai mon harnais et mon casque. Après quelques offrandes au feu sacré, Bishal et moi partîmes. Les deux Américains, Graham et John, étaient déjà loin devant. La nuit étant partiellement éclairée par la lune, ma lampe n'était finalement pas très utile.

Je suivis Bishal sans mot dire. J'avais cessé tout questionnement, j'étais désormais dans l'action. Environ une heure plus tard, nous arrivâmes au point de cramponnage, l'endroit où l'on chausse ses crampons. Malgré l'heure tardive, il y avait encore quelques personnes. Les Brésiliens nous rejoignirent peu après. Leur sherpa, Angelu, nous donna quelques petites graines magiques censées nous protéger au cours du périple ; je les avalai, au cas où cela marcherait ! Je demandai à Bishal de vérifier mes crampons, car avec le froid qui me pétrifiait, je craignais toujours de ne pas les serrer suffisamment.

Je commençai à escalader la cascade qui me conduirait 700 mètres plus haut, au camp 1. Parmi les quelques grimpeurs présents, personne ne parlait, seul le crissement des crampons et la toux des uns et des autres résonnaient. Non sans une certaine appréhension, je me lançai dans le glacier, dégainant jumar et mousqueton. Des cordes fixes avaient été placées tout au long du parcours par les « médecins de la cascade de glace » – les *Icefall doctors* –, si bien qu'il suffisait de raccorder son jumar à la corde et se hisser le long des parois de glace. Si vous tombiez, la corde vous rattrapait aussitôt. Les techniques d'escalade habituelles n'étaient donc pas d'une grande utilité dans cet environnement où tout est équipé pour faciliter l'ascension. Point besoin d'être encordé à un ou deux compagnons, chacun ici grimpait de manière autonome et assurait sa propre sécurité.

Les *Icefall doctors* sont des sherpas à part entière. Peu nombreux, ce sont généralement d'anciens grimpeurs de l'Everest qui connaissent parfaitement le glacier. Leur mission : équiper un des endroits les plus risqués de la montée de l'Everest et du Lhotse, le glacier du Khumbu. Ce gigantesque glacier, souvent comparé à un immense champ de pop-corn en raison de ses innombrables séracs et crevasses, est, comme tout glacier, en perpétuel mouvement, donc extrêmement dangereux pour quiconque veut le traverser. Les *Icefall doctors* sont chargés d'installer des échelles en aluminium et des cordes fixes, afin que les grimpeurs puissent franchir les zones les plus délicates. Plus de soixante échelles sont accrochées à la glace et contrôlées quotidiennement jusqu'à la fin mai, fin de la saison. Le travail des *Icefall doctors*, géré par le Comité de contrôle de la pollution de Sagarmatha (SPCC) et financé par les expéditions, commence généralement vers la mi-mars, avant le début de la saison. Ces sherpas risquent leur vie tous les jours sur le glacier – l'avalanche de 2014, qui a tué seize sherpas, avait notamment emporté une partie de l'équipe –, mais peuvent gagner jusqu'à 3 000 dollars pour les deux à trois mois passés sur le glacier – ce qui équivaut à quatre ans de salaire moyen au Népal.

Cette approche dite « lourde » – installation de cordes fixes et d'échelles, montage de camps fixes, approvisionnement en oxygène – va à l'encontre de ce que l'on appelle le « style alpin », à savoir un style épuré, sans cordes fixes, sans camps établis, sans assistance, sans porteurs, et sans apport d'oxygène. Dans le monde de la haute altitude, le style alpin implique nécessairement plus de vitesse et une plus grande prise de risque, ce qui ajoute à la valeur de l'ascension. Ce type d'expédition légère a évidemment un coût car, à de telles altitudes, porter son propre matériel requiert un effort considérable, augmentant par là même le risque d'épuisement et donc de mal des montagnes, d'autant que l'on ne dispose pas d'oxygène supplémentaire. De plus, de mauvaises conditions météorologiques peuvent aggraver la situation.

Ces cordes fixes, ainsi que les échelles et les fanions placés tout au long du parcours, constituaient autant d'éléments me confortant dans la direction à prendre dans ce mystérieux labyrinthe de glace, surtout en cas de tempête ou de brouillard. Nous nous frayâmes un chemin, contournant crevasses et séracs. Tel un pèlerinage, des centaines de personnes avaient également traversé cette cascade de glace, pas à pas. Si le glacier est en mouvement constant, rien ne peut néanmoins effacer la mémoire de ces grimpeurs. La nature nettoie, purifie, mais je crois à la mémoire du lieu, rien ne disparaît vraiment. Les premières lueurs du jour apparurent, offrant un spectacle éblouissant, celui du sommet du Pumori, en face. C'était magique. Après deux à trois heures de marche, nous atteignîmes un semblant de replat relativement sûr. C'était la pause, mais j'avais beaucoup trop froid pour me reposer. Nous repartîmes cinq minutes plus tard.

Au loin, les drapeaux tibétains signalaient un passage dangereux, où d'autres avaient malheureusement perdu la vie. Dans cet environnement austère et menaçant, si différent de tout ce que j'avais connu, je ne savais plus vraiment où se trouvait le danger. Il me semblait qu'il était partout ! Mon imagination débordante n'arrangeant pas les choses, j'inventais avec brio les pires scénarios. Dans ce silence presque oppressant, je pouvais entendre la glace craquer et restais pétrifiée devant ces gigantesques séracs qui m'entouraient ; s'ils s'effondraient sur nous, c'était la mort quasi assurée. Il n'y avait pas grand-chose à faire, si ce n'est passer le moins de temps possible dans la zone exposée. À moins d'avoir le cœur d'un Kilian Jornet, mieux vaut ne pas courir pour ne pas risquer l'asphyxie. C'est un peu comme une loterie, certains appellent cela le hasard, d'autres le destin, ou le *karma*. Bien que les probabilités de prendre un sérac sur la tête soient relativement faibles, il m'était difficile de ne pas imaginer le pire.

Nous rencontrâmes en chemin un des Américains, Graham. Ce dernier semblait être au point mort. John, alors en tête, l'avait laissé tout seul, sans sherpa, pour sa première traversée de la cascade de glace. Surprenant de la part du leader… En raison de son manque d'acclimatation et la surcharge ridicule de son sac, qui pesait près de 30 kilos, Graham, avec son piolet centenaire, n'atteignit pas le camp 1. À bout de souffle, il dut faire demi-tour. Ce jour-là, il passa onze heures dans la cascade de glace.

Épuisée moi aussi par cette montée, je demandai à Bishal combien de temps il restait. Sa réponse fut instantanée : « Si je te dis qu'il reste encore dix heures, que ferais-tu ? » Je compris l'inutilité de ma question et continuai à marcher. Les échelles se succédaient le long des parois de glace et par-delà des crevasses, qui pouvaient parfois atteindre 200 mètres de profondeur. À chaque passage me revenait en mémoire la scène vue sur YouTube de ce type pendu à une échelle après être tombé, puis récupéré *in extremis* par les sherpas. Je ne pouvais pas m'empêcher de rire nerveusement de cette situation, imaginant la frayeur du pauvre homme.

Les échelles étaient plus courtes que les autres années, principalement en raison de l'énorme quantité de neige qui était tombée. La seule et unique longue échelle que j'eus à franchir était composée de trois éléments ; une longue file attendait pour l'emprunter. Juste devant moi se trouvaient deux Népalaises. Quel plaisir de voir des femmes ! Je discutai un moment avec elles et j'appris qu'elles étaient veuves. Leurs maris, des *Icefall doctors*, perdirent la vie, l'un en installant des cordes fixes sur les pentes de l'Everest, l'autre sur le glacier, lors de l'avalanche de 2014 qui décima quinze autres sherpas. Tout cela m'attrista, même si je m'attendais à entendre de telles histoires en venant ici. J'appréciai en tout cas leur compagnie, aussi brève fut-elle. J'appris plus tard, après l'expédition, que ces deux femmes, Furdiki Sherpa et Nima Doma Sherpa, avaient atteint le sommet de l'Everest, prouvant ainsi que le monde de la haute montagne n'est pas réservé aux hommes, et que les femmes, en particulier les veuves qui sont souvent marginalisées et rejetées dans les traditions prévalentes sur le sous-continent indien, y ont également leur place : « Nous voulons gravir l'Everest avec un message pour les veuves et les femmes célibataires. Nous ne valons pas moins que les autres, nous sommes capables d'accomplir n'importe quoi. »

Dans ce milieu très fermé de l'himalayisme, ces Sherpanis montrent une fois de plus que les femmes sont tout aussi capables que les hommes d'escalader des 8000. Il suffit de se souvenir des records établis par des Sherpanis, comme celui de Pasang Lhamu Sherpa qui, en 1993, devint la première Népalaise sur le toit du monde. En 2012, Chhurim Sherpa fut la première femme à gravir l'Everest deux fois en une semaine, et Lhakpa Sherpa réussit neuf fois l'ascension de l'Everest ! En 2014, la première équipe 100 % féminine – Pasang Lhamu Sherpa Akita et deux autres Sherpanis – atteignit le sommet du K2. En 2017, Dawa Yangzum Sherpa, devint la première femme guide de haute montagne népalaise. Dans des pays proches comme le Pakistan, les femmes, toutes voilées et généralement cantonnées aux tâches ménagères, montrent peu à peu également leur volonté d'émancipation. Aujourd'hui, des femmes pakistanaises se forment aux métiers de la haute montagne à l'école d'alpinisme de Shimshal (SMS), dans la célèbre vallée reculée du Hunza.

Toujours équipée de mes fidèles compagnons que sont le jumar et le mousqueton de sécurité, je grimpai les échelles, tentant d'éviter les morceaux de glace que faisaient tomber les grimpeurs au-dessus. Finalement, je fus aidée par un Népalais qui me tira littéralement par la main, alors que l'échelle avait disparu. De manière générale, j'observai une bienveillance des sherpas envers moi tout au long du périple. Souvent, lorsque je me retrouvais seule à marcher de camp en camp, les sherpas avaient un œil sur moi et m'aidaient, tenant les cordes sur les échelles, m'indiquant le meilleur chemin, parfois même posant mon jumar sans que je leur demande quoi que ce soit.

Plus tard, nous retrouvâmes John, épuisé. Le soleil, qui moi me ravissait, semblait au contraire l'abattre. Peut-être par respect pour sa position de chef d'équipe, Bishal et moi essayâmes de nous adapter à son rythme. Nous finîmes pourtant par le dépasser et, plus tard, nous arrêtâmes sur une sorte de plat, plus ou moins sûr. Il était déjà 10 heures. John, qui arriva enfin, ne cessait de tousser et ne semblait pas avoir d'eau avec lui. Voyant son état de fatigue, je lui proposai, au risque de tomber malade, un peu de mon eau. Je me demandai alors pourquoi il n'avait pas de casque non plus. Cela le protégerait des éventuelles chutes de glace, mais aussi du soleil.

Aux innombrables murs de glace quasi verticaux de ce matin succéda une multitude de faux petits sommets, nous laissant croire que nous étions presque arrivés. Que nenni ! De petites montées et descentes sans fin, à travers des dizaines de crevasses, nous attendaient. Après cinq à six heures de marche, nous arrivâmes finalement au camp 1 (6 100 m), situé sur un plateau au pied du Nuptse. Non sans les avoir prévenus, nous occupâmes les tentes des membres d'une autre expédition. Je partageai la mienne avec Bishal. Plus tard, John, exténué, arriva au camp 1, puis les Brésiliens, eux aussi très fatigués.

Dans l'après-midi, deux avalanches se déclenchèrent juste à côté du camp, à seulement cinq minutes d'intervalle. Je savais que le camp 1 était exposé aux avalanches, mais je ne m'attendais pas en voir de si près. Celles-ci amenèrent avec elles d'énormes nuages de neige qui s'approchèrent du camp à toute allure. J'entrai dans la tente par précaution, même si cela n'avait pas beaucoup de sens. Mon sherpa, étrangement, ne semblait pas plus inquiet que cela.

Je passai l'après-midi allongée dans la tente, si ce n'est pour me rendre dans ces magnifiques toilettes « *made in Kkumbu* », avec pour seule protection trois petits murs de neige d'à peine 60 centimètres de haut. Il fallait faire attention à ne pas glisser. Cela porte chance, mais tout de même ! Des chaussures à 850 euros la paire ! Plus tard, je mangeai un peu et essayai tant bien que mal de dormir.

Ma traversée solitaire de la vallée du silence

Le lendemain matin, j'eus beaucoup de peine à me préparer, préférant rester emmitouflée dans mon duvet. Après mon petit déjeuner, je finis par me bouger un peu et rangeai mes affaires. Une heure plus tard, j'étais prête. Bishal me suggéra de commencer à marcher, il me rejoindrait plus tard.

Il ne fallait que deux heures pour se rendre au camp 2. Me voilà donc seule pour remonter la combe Ouest, à travers cette longue et douce vallée que l'on appelle aussi la « vallée du silence », en raison du peu de vent qui la traverse. La seule vallée du silence que je connaissais jusqu'alors se situe en Provence, entre le charmant village perché du Castellet et celui, non loin, du Beausset. Le long du petit ruisseau du Gourganon, elle serpente entre garrigues et pins. Bien que cette vallée soit de toute beauté, elle ne soutient pas la comparaison avec celle de la région de l'Everest. Tous ceux qui ont parcouru cette dernière s'accordent à dire que c'est l'un des endroits les plus majestueux et les plus magiques qui soit. Un paysage d'un blanc étincelant, à couper le souffle, se dressait devant moi, dominé par ces colosses que sont, au centre, le Lhotse (8 516 m), à gauche l'Everest (8 848 m), et à droite le Nuptse (7 861 m).

Je rencontrai rapidement d'autres grimpeurs. D'abord un Indien de Nasik, Mahendra Mahajan, qui, je l'apprendrai plus tard, est un champion de marathon ayant battu le record de la traversée de l'Inde du Cachemire à Kanyakumari, la partie la plus méridionale de l'Inde. Tenant les cordes pour moi, Mahendra m'aida à passer les échelles. Plus tard, je rencontrai un grand Chinois nommé Dalong, originaire de Pékin, et me retrouvai avec celui-ci à boire du thé chaud, offert par un des aides de camp de son expédition. Nous restâmes ainsi une demi-heure à discuter de tout et de rien. Je lui parlai notamment de ma rencontre avec le milliardaire chinois Wang Shi.

En 2012, alors que j'étais chercheuse invitée à l'université de Columbia, à New York, un ami chinois, également chercheur, m'avait présenté l'un des hommes d'affaires les plus riches de Chine, Wang Shi, président et fondateur de China Vanke, la plus grande société immobilière de Chine et le plus grand promoteur immobilier résidentiel du monde à l'époque. Wang Shi est également un amoureux de la haute montagne. En 2003, à cinquante-trois ans, il battit le record du Chinois le plus âgé à atteindre le sommet de l'Everest, puis, en 2010, à soixante ans, il réitéra son record. Il réussit également à atteindre les plus hauts sommets des sept continents de 2002 à 2004, et, en avril et septembre 2005, il se rendit au pôle Nord et au pôle Sud. Wang Shi est un homme calme et discret, également un amoureux de la nature que j'eus l'occasion de voir à Rio de Janeiro lors de la conférence Rio+20. À Boston, en 2013, alors qu'il était chercheur invité à l'Institut d'Asie de l'université Harvard et que j'étais à l'Initiative humanitaire de Harvard, nous avions discuté de son ascension de l'Everest. Cette rencontre contribua probablement à ma décision de me lancer dans l'aventure des 8000. Et puis, si Wang Shi était capable d'un tel exploit à soixante ans, je pouvais aussi le faire ! Bien sûr, il a des moyens financiers dont je ne dispose pas, et cela doit aider à la réussite de l'ascension.

N'ayant pas de nouvelles de mon sherpa, je commençai à m'inquiéter. Je remerciai Dalong et l'assistant cuisinier pour cette agréable pause, puis repris ma marche sous la chaleur. Une heure plus tard, je rejoignis le camp 2 à 6400 mètres d'altitude. Le jeu de piste commença alors pour trouver mon campement parmi les centaines de tentes. Aucune indication de l'emplacement, pas de sherpa, pas de radio, et personne ne semblait savoir où se trouvait mon équipe ! Certains me conseillèrent de descendre quelques mètres plus bas, tandis que d'autres, convaincus que mon campement était tout en haut, m'envoyaient dans la direction opposée. Je passai ainsi deux heures sous le cagnard, à faire des allers-retours, sans trouver âme qui vive. Dans un moment de désespoir, je jetai mon dévolu sur le campement de Dalong et Mahendra. Ce dernier, me voyant épuisée, me proposa de rester avec eux et d'attendre que mon sherpa vienne me chercher. Assise dehors sur un petit siège, à l'affût d'un quelconque membre de mon équipe, je décidai de ne plus bouger, quitte à devoir dormir dans la tente mess. Alors que je buvais le jus offert par mes hôtes, oh miracle, Elbi, un des sherpas de mon équipe, apparut. Il avait traversé tout le camp pour me chercher !

Elbi, la cinquantaine, était probablement le plus vieux sherpa de l'équipe. Nous nous étions rencontrés l'automne dernier, lors de l'expédition à l'Himlung ; il guidait alors un Israélien, Ilan, pour qui c'était la deuxième tentative. J'étais heureuse de le revoir et sa présence me rassurait ; je savais qu'il m'aiderait si j'avais un problème.

Je remerciai chaleureusement mes hôtes pour leur hospitalité et partis avec Elbi rejoindre mon campement, qui se trouvait de l'autre côté du camp, tout en bas. Dès notre arrivée, Elbi mit mon sac dans l'une des deux tentes, la plus éloignée, mais John, qui était également là, s'exclama immédiatement que c'était la sienne ! En l'absence de tente mess, nous nous assîmes dans la tente-cuisine. On était loin de l'idée que je me faisais du camp 2. Il n'y avait en réalité pas grand-chose ici, si ce n'est deux petites tentes et celle du cuisinier. Nous déjeunâmes ; j'avais bon appétit, c'était plutôt bon signe. Nous eûmes droit à ce qu'on appelle le « ragoût sherpa », une sorte de bouillie composée principalement de pâtes et de pommes de terre, un plat très calorique que je n'aurais certainement jamais mangé en France, mais ici, tout était permis !

Puis j'appris l'improbable. Le drame et la confusion avaient frappé. Mauro était tombé dans une crevasse à 25 mètres de profondeur. Il avait dû glisser, ou le sol avait cédé sous ses pieds.

Apparemment, il n'avait qu'un doigt cassé. Un miracle ! Cela n'expliquait cependant pas le retard de mon sherpa, qui était arrivé après l'accident et n'était donc pas non plus avec les Brésiliens. Marchant seule, j'aurais moi aussi pu tomber dans une crevasse sans que personne ne s'en aperçoive.

Cet événement marqua le début d'une série de catastrophes qui allaient affecter l'équipe jusqu'à la fin de l'expédition. Mauro dut être évacué par hélicoptère vers Katmandou. La malchance avait définitivement frappé ce pauvre homme. Non seulement il avait perdu son meilleur ami le jour même de son mariage, deux semaines avant son départ pour le Népal – il avait apporté ses cendres pour les déposer au sommet de l'Everest –, mais sa mère était également décédée le jour de son arrivée à Katmandou. Mauro m'avait beaucoup touchée lorsqu'il m'avait raconté son histoire au camp de base. Loin d'imaginer ma réaction face à une personne que je connaissais à peine, mais dont je sentais la gentillesse, je m'étais mise à pleurer. J'ai beau entrevoir la mort comme un passage, comme un changement de vêtements plutôt qu'une fin, l'histoire de Mauro m'avait profondément attristée.

Rencontre avec des femmes exceptionnelles

Dans l'après-midi, je rencontrai une Américaine, Kirstie Ennis. Son campement était situé juste à côté du mien. Autrefois membre des Marines, Kirstie fut victime en 2012 d'un accident d'hélicoptère en Afghanistan au cours duquel elle perdit une jambe. Elle marche désormais à l'aide d'une prothèse, et s'est fixé l'objectif de grimper les *seven summits*, c'est-à-dire le sommet le plus haut de chaque continent. À l'écoute de son récit, je ne cachai pas mon admiration face à sa grande capacité de résilience et sa volonté à toute épreuve, et ne pus m'empêcher de lui parler de ma belle-sœur, amputée des doigts et d'une partie de ses pieds à la suite d'une méningite dévastatrice, *purpura fulminans*. Cette infection extrêmement rare, causée par un méningocoque, entraîne des lésions cutanées qui se propagent dans tout le corps, et comme son qualificatif l'indique, cette méningite relève de l'urgence médicale. Si le patient ne reçoit pas immédiatement une dose d'antibiotiques par voie veineuse, il peut mourir ou garder de graves séquelles. Nous discutâmes ainsi un moment, puis je lui exprimai tout mon soutien pour la suite de l'expédition[23].

Le lendemain, le reste de l'équipe arriva. Enfin presque ; exténués, Morgan et James avaient dû rebrousser chemin. À cause de la chaleur, de la déshydratation et de l'épuisement général, Morgan avait failli s'évanouir plusieurs fois. Seuls Chris et Saoud atteignirent le camp 2. Pour ma part, il y avait urgence ! Mes règles venaient de faire irruption avec une semaine d'avance, et je n'étais pas du tout équipée pour cela, mon « matériel » étant resté au camp de base. Cette venue impromptue me surprit fortement, car il est habituel que les menstruations soient retardées, ou même interrompues, lorsque le corps est soumis à certaines formes de stress, spécialement dans des conditions extrêmes. Ce fut le cas lors de mon expédition à l'Himlung, mais

23 Malheureusement, Kirstie ne put atteindre le sommet en raison des mauvaises conditions météorologiques. Elle réussit néanmoins à rejoindre le col Sud, ce qui est déjà un exploit compte tenu de son handicap. J'appris par la suite qu'elle voulait redescendre une partie de l'Everest en snowboard, une de ses passions avec l'alpinisme.

aussi lors de ma première mission au Comité international de la Croix-Rouge (CICR) au Burundi en 2008-2009, où je visitais les prisons surpeuplées dans lesquelles les détenus vivaient dans des conditions inhumaines. Au début, ma mission fut tellement infernale que mes règles disparurent totalement lors des six premiers mois.

Avoir ses règles à 6400 mètres d'altitude n'est pas la plus plaisante des choses. Et si certains considèrent les serviettes hygiéniques comme secondaires, soulignons que ces dernières constituent une des premières nécessités pour les femmes en zones de guerre ou en situation de grande précarité, chose que la France n'a comprise que très tardivement, la protection hygiénique ayant été taxée à 20 % jusqu'à récemment. Dans un monde de surconsommation, où presque tout est à portée de main et où se procurer des serviettes hygiéniques est chose commune, c'est une autre affaire à plus de 6000 mètres ! Ici, point de supermarché ou de service de livraison. Quand je pense que les serviettes jetables ne furent commercialisées qu'à la fin du XIXe siècle, et que le tampon ne fut inventé qu'en 1937, je m'interroge sur la façon dont les femmes se débrouillaient autrefois. Si j'avais grimpé l'Everest avec Mallory, comment aurais-je fait ? Le marché de la protection périodique, avec ses dizaines de milliards de dollars, a dans tous les cas une longue vie devant lui, et pourrait d'ailleurs se permettre de sponsoriser quelques femmes himalayistes.

Pensant que Kirstie avait déjà quitté le camp, je réfléchis alors à ma stratégie et décidai de partir en éclaireuse à la recherche de cette étrange créature que l'on appelle une femme. Je parcourus ainsi tout le camp, me promenant de campement en campement, de tente en tente, n'hésitant pas à annoncer haut et fort la venue inopinée de mes règles. Point de silence embarrassé, point de voix basse ou de quelconque pudeur ici. S'agissait-il inconsciemment de ma part d'un acte féministe visant à briser des tabous autour d'un sujet, somme toute, très banal ? Dans tous les cas, face à l'urgence de la situation, je me devais d'agir au plus vite, le secret n'avait pas sa place !

Objet de tabous et de discriminations, perçues comme quelque chose de sale et d'impur, qui doit absolument être caché et dont on ne peut parler ouvertement, ou encore comme quelque chose de l'ordre de l'imaginaire, qui appartient au monde des sirènes et autres créatures mystérieuses, les menstruations, bien que considérées comme sacrées à certaines périodes, furent souvent mises à mal dans nos sociétés modernes, notamment par certaines religions. Hippocrate, voyant des femmes supposées de mauvaise humeur avant l'arrivée de leurs règles, concluait qu'elles devaient saigner pour évacuer les « mauvaises humeurs », d'où l'apparition de la pratique des saignements. Aujourd'hui encore, beaucoup de femmes ont du mal à en parler par peur d'être mal jugées et discriminées. Que ce soient les médias par leur publicité mensongère ou nos employeurs par l'absence de temps de repos pendant le cycle menstruel, tous nous encouragent généralement à faire taire nos règles et la douleur qui y est associée, à nous comporter comme des hommes, ou à ne pas saigner ! Personne ne doit remarquer qu'une femme a ses règles, aucun changement physique ou psychologique ne doit apparaître. L'arrivée fortuite de mes règles fut donc ici une merveilleuse opportunité de casser ce tabou.

Dans ma quête exaltée, j'en profitai pour saluer l'armée indienne qui comptait deux femmes dans l'expédition. Malheureusement, en raison de l'imminence d'une tempête, le campement était quasiment vide, et toutes étaient déjà reparties au camp de base. Je me rendis dans une vingtaine de campements mais, aussi cordial et chaleureux que fût l'accueil, certains m'invitant pour le thé, je revenais bredouille. Sur le chemin du retour vers mon campement, je croisai un homme.

« Mais, que vois-je? Est-ce une hallucination? Êtes-vous bien réelle?

— Euh... je pense que oui... à vous de voir.

— Bonjour, chère Madame, comment allez-vous?

— Très bien, merci! Quelque chose me dit que vous avez également été interviewé par Fabio sur les états modifiés de conscience... Est-ce que je me trompe?

— On ne peut rien vous cacher... En tout cas, réelle ou pas, je suis ravi de cette charmante vision devant moi.

— Je vous remercie, j'apprécie! De quelle nationalité êtes-vous?

— Je suis géorgien. Et vous-même?

— Je suis française.

— Oh, mais nous avons une Française dans notre groupe, l'alpiniste Élisabeth Revol.

— Vraiment, Élisabeth Revol est ici, au camp 2?

— Oui, l'expédition du Satori, un peu plus haut. »

C'est ainsi que je remontai le camp pour la énième fois. Je repensai alors aux réunions du Centre de crise du ministère où j'avais travaillé et où Élisabeth avait été au cœur des discussions à une période.

La Drômoise, professeure de gymnastique à Saoû, adepte des expéditions hivernales et du style alpin, vécut un sauvetage extraordinaire au Nanga Parbat en 2018[24].

En m'approchant du camp, je vis une silhouette très fine près d'une tente.

« Bonjour, Élisabeth.

— Bonjour, fit écho sa voix.

— Otto m'a dit que tu étais ici. Désolée pour l'intrusion. En fait, j'ai des petits soucis d'ordre féminin, et je me demandais si par hasard tu aurais quelques serviettes hygiéniques pour me dépanner. Par ailleurs, je crois que tu connais ma belle-sœur, Stéphanie, du Vieux Campeur…

— Stéphanie, oui absolument ! »

La conversation était lancée. Quel bien fou de parler en français, qui plus est à une femme. Nous discutâmes de son projet de gravir l'Everest, un rêve d'enfance, puis d'enchaîner directement avec le Lhotse. Son sauvetage au Nanga Parbat et la mort de son compagnon de cordée, son ami Tomasz Mackiewicz, furent également au cœur des discussions. Depuis, les sauveteurs d'Élisabeth, le Polonais Adam Bielecki et le Kazakho-Russe-Polonais Denis Urubko, ont reçu la médaille de la Légion d'honneur. Les Polonais sont particulièrement réputés pour leurs hivernales, ayant conquis tous les 8000 en hiver, à l'exception du Shishapangma. N'eût été le rideau de fer de l'Union soviétique qui les empêchait de voyager, ils auraient probablement

24 Après son sauvetage au Nanga Parbat, Élisabeth Revol a publié *Vivre. Ma tragédie au Nanga Parbat* (Arthaud, 2019), qui est un récit détaillé de soixante-dix heures de perdition sur les flancs du géant himalayen du Pakistan, sans équipement de survie et dans des vents de 150 km/h.

conquis la plupart des 8000 avant tout le monde. Très débrouillards, ils réussissaient à financer leurs expéditions en faisant du trafic de vodka, de tapis, d'équipements sportifs et autres marchandises échangeables contre des espèces.

Je parlai à Élisabeth de mon expédition au Lhotse, de mon équipe, et aussi de mon souhait de gravir un jour l'Everest, un rêve qui remonte à mon deuxième voyage au Tibet ; je devais me rendre au mont Kailash mais, au lieu de cela, je m'étais retrouvée au camp de base de l'Everest, et j'y étais restée trois jours. J'avais notamment exploré une vallée voisine où régnait un silence qui restera gravé à jamais en moi. Élisabeth m'encouragea alors à gravir l'Everest maintenant, car j'étais déjà acclimatée et sur place. Revenir ici me coûterait plus cher. Je l'écoutai attentivement, me questionnant sur un tel projet, et sur le coût financier que cela impliquait.

Il ne fut pas nécessaire de me le dire deux fois pour que l'idée fasse son chemin dans ma tête. Everest, pas Everest ? Lhotse et Everest ? Juste l'Everest ? Juste le Lhotse ? Grimper les deux montagnes directement, ou faire une pause entre chaque ascension ? Quel bouillonnement intérieur !

Si je sortis de cet échange pleine d'énergie positive et d'enthousiasme, je n'avais toujours pas trouvé l'objet de mes pérégrinations dans ces hautes terres, car Élisabeth n'avait malheureusement rien pour me dépanner. En redescendant vers mon campement, je rencontrai une Libanaise, Joyce Azzam. Elle terminait les « sept sommets » et était sur le point de devenir la première femme du Liban à accomplir un tel exploit. Joyce parlait le français. J'avais de la chance aujourd'hui, j'avais rencontré deux femmes dans ce milieu si masculin, et deux femmes qui parlaient français ! Je lui fis part de mon « petit problème », et par miracle elle avait des serviettes hygiéniques et m'en donna quelques-unes. Je la remerciai infiniment.

Les femmes, prédisposées aux 8000 ?

Au vu de leur faible représentation dans cet univers très masculin, je me demande aujourd'hui si une femme est plus apte, plus prédisposée qu'un homme à gravir un 8000 ? Le fait d'être une femme constitue-t-il un avantage pour réaliser ce type d'ascension, ou le contraire ? La réponse est bien évidemment complexe et dépend de l'angle sous lequel on se place. Selon certaines études, il semblerait que les femmes présentent des avantages significatifs par rapport aux hommes. Le premier, et le plus fondamental, selon moi, est une plus grande aptitude de la femme à renoncer au sommet si la vie d'une personne, ou la sienne, est en danger réel. Quand on sait qu'il est extrêmement difficile, voire impossible, de convaincre quelqu'un qui se trouve proche du sommet de faire demi-tour, le fait de savoir renoncer est un gage de survie. La persévérance, oui, mais pas l'acharnement intensif et agressif. Moins encline à la compétition, à la performance, évaluant le risque en tenant davantage compte de la globalité de son environnement plutôt que du seul objectif, une femme prendrait moins de risques qu'un homme et conserverait une plus grande marge de sécurité.

Il est établi que les femmes, en général, n'ont pas le même rapport au risque et à la peur que les hommes, surtout après la maternité, et tendent à adopter une approche plus sûre. D'un point de vue scientifique, cela n'est pas sans lien avec le taux de testostérone, l'hormone masculine par excellence associée à la compétitivité. Une augmentation de ce taux conduirait d'ailleurs à des choix irrationnels et une plus grande prise de risques. Des hommes font cependant figure exception, comme Marc Batard, le « sprinter de l'Everest », l'un des rares alpinistes à parler ouvertement de ses craintes : « En fait, je n'ai pas cessé d'avoir peur pendant mes trente années de montagne. Peur au point de renoncer sans raison, des dizaines de fois, au pied de la paroi, par temps superbe et en parfaite santé. Peur au point de vomir, de ne plus manger, de m'enfuir pour ne pas affronter ces sommets que je finissais pourtant par escalader[25]. » Écoutant sa peur, il renonça ainsi à la face sud du Lhotse, juste avant qu'une immense avalanche ne ravage toute la face. « Merci, la peur », dira-t-il ce jour-là. Au-delà de l'himalayisme, les femmes prennent généralement moins de risques que les hommes, que ce soit dans le domaine financier, professionnel, sportif ou autre… avec les conséquences que l'on connaît en ce qui concerne leur place dans la hiérarchie. Mais cette prudence n'est-elle pas, en fin de compte, un gage essentiel de la continuité de la vie ?

Comme l'atteste la féminisation croissante du métier de guide, avec la nouvelle politique de l'ENSA (École nationale de ski et d'alpinisme), par exemple, qui vise à atteindre 15 % de femmes parmi les nouveaux guides, ces qualités féminines sont de plus en plus reconnues dans le monde de la haute montagne. Marion

25 Frédéric Thiriez, *Marc Batard, fils de L'Everest* (First, 2017).

Poitevin, une des rares femmes guides de haute montagne en France, en est le meilleur exemple : première femme du Groupe militaire de haute montagne (GMHM), première instructrice de l'École militaire de haute montagne de France (EMHM), première femme secouriste en montagne (CRS), et première instructrice au Centre national d'entraînement à l'alpinisme et au ski de la police. Non sans peine, Marion Poitevin s'est battue pour faire bouger les lignes et accorder aux femmes toute la place qu'elles méritent au sein de ces institutions. Cette féminisation de la profession s'accompagne de la multiplication de cordées exclusivement féminines au sein de clubs non mixtes, qui proposent des sorties d'apprentissage de l'autonomie à un public exclusivement féminin. En participant à une cordée 100 % féminine, ces femmes développent leur confiance en elles et leur autonomie, et se découvrent des capacités jusqu'alors insoupçonnées. Leur rapport à la peur, à la prise de décision, s'en trouve transformé. Elles apprennent à grimper en tête, ce qui était habituellement réservé aux hommes – et qu'ils n'acceptent d'ailleurs pas toujours de bonne grâce ! La multiplication de ces cordées exclusivement féminines ouvre de nouvelles perspectives aux femmes, qui peuvent désormais envisager plus facilement le métier de guide.

De par leur nature intrinsèque peut-être, faite pour engendrer la vie et la maintenir coûte que coûte, il semble que les femmes acceptent plus facilement que les hommes les conditions difficiles et possèdent une résistance à toute épreuve en conditions de survie. L'exemple le plus frappant est celui d'Élisabeth Revol qui, bien que toute menue, passa trois nuits sur le Nanga Parbat dans un froid glacial et sans oxygène. Dotées d'une grande force morale, d'une détermination sans faille, d'endurance et de patience, les femmes possèdent à n'en pas douter des qualités qui favorisent ce type d'aventure. Enfin, les femmes auraient une intuition plus développée que les hommes, ce qui est essentiel en montagne, où, face à des décisions parfois cruciales, l'intuition l'emporte sur tout le reste.

Physiologiquement parlant, les femmes s'acclimateraient plus facilement à la haute altitude que les hommes. Dans son livre *Savage Summit*, qui relate le périple de cinq femmes escaladant le K2, Jennifer Jordan affirme que, malgré le manque de recherches scientifiques sur l'impact de la haute altitude sur le corps féminin, les femmes sont mieux adaptées aux rigueurs de la zone de mort que leurs compagnons masculins[26]. En dépit d'un taux d'hémoglobine plus faible, les femmes s'adapteraient plus facilement que les hommes à l'air raréfié et souffriraient moins d'œdème pulmonaire en haute altitude. Cependant, cela a parfois un coût, comme le souligne Jordan et comme je le constatai également au cours de l'expédition. Le meilleur exemple est celui de Lydia Bradey, qui fut l'objet de la jalousie de ses compagnons car elle s'acclimatait plus facilement qu'eux, et réussit apparemment là où ils échouèrent.

Par ailleurs, il a été scientifiquement prouvé que les femmes ont des extrémités plus sensibles au froid que les hommes en raison d'une mauvaise circulation sanguine. Par temps froid, le diamètre des capillaires aux extrémités du corps se réduit davantage chez les

26 Jennifer Jordan, *Savage Summit : The True Stories of the First Five Women Who Climbed K2, the World's Most Feared Mountain* (William Morrow, 2005).

femmes que chez les hommes. En lien avec la présence de cette hormone féminine qu'est l'œstrogène, qui régule nos vaisseaux sanguins périphériques, cette vasoconstriction est beaucoup plus rapide, le flux sanguin vers la peau étant arrêté plus tôt et plus brusquement que chez les hommes. Ce phénomène serait lié à la protection du fœtus ; pendant la période d'ovulation, lorsque le taux d'œstrogènes est au plus haut, les femmes seraient davantage sensibles au froid. De plus, comme le corps des femmes a proportionnellement moins de masse musculaire que celui des hommes, ce qui les désavantage d'ailleurs pour le portage et le traçage dans la neige fraîche, les femmes génèrent moins de chaleur. Si leur masse graisseuse, isolante par nature, est inversement plus élevée (10 % de plus), elle est néanmoins peu présente sur les pieds et les mains, procurant ainsi moins d'isolation aux extrémités.

Pour ma part, je dois être un cas particulier, ayant toujours beaucoup plus froid que la grande majorité des femmes, mes mains étant souvent glacées, même en plein été. Observant sur une photo mes mains nues au sommet du Lhotse, à 8 516 mètres d'altitude, un ami me fit remarquer que j'avais probablement une très bonne circulation. Je me demande encore comment je n'ai pas attrapé de gelures là-haut. Un ange devait probablement recouvrir mes mains de ses douces et chaudes ailes. Je pense néanmoins que les quelques séances d'acupuncture à Katmandou contribuèrent à améliorer ma circulation.

La question de la prédisposition des femmes à la haute altitude est donc complexe et nécessite des études plus approfondies.

Tempête de neige à 6 400 mètres

Bien qu'une tempête fût annoncée, nous espérions avoir le temps de monter au camp 3, et revenir au camp de base le même jour. Entre-temps, l'assistant cuisinier adjoint, Ram, un jeune Népalais très serviable et souriant, fut évacué par hélicoptère juste devant notre campement ; très mal en point malgré l'oxygène fourni, il souffrait indéniablement du mal d'altitude et ne pouvait plus rester au camp 2.

Quatre jours après mon arrivée au camp 2, nous décidâmes de tenter de monter au camp 3 malgré les fortes rafales. Ce fut alors un spectacle de désolation qui se dressa devant nous au camp, comme si nous étions en guerre et que tout le monde avait fui. Le camp était presque entièrement vide, les tentes et les bâches volaient sous la puissance du vent. Après une demi-heure de marche, nous comprîmes qu'il serait difficile de continuer ainsi ; le vent était déjà bien trop fort. C'était presque amusant de nous voir dans cette situation ; nous en rîmes tous et décidâmes d'un commun accord de retourner au campement.

Deux options étaient possibles. La première consistait à redescendre au camp de base, puis effectuer une seconde rotation pour atteindre le camp 3. Si cette option était tentante, elle impliquait aussi un passage supplémentaire par la cascade de glace, avec tous les risques encourus. La seconde option était d'attendre la fin de la tempête au camp 2. Face à ce choix cornélien et après avoir évalué de mon mieux les risques, j'optai pour cette dernière option, estimant la cascade de glace plus dangereuse que la tempête. Imitant mes camarades qui avaient, eux aussi, décidé de rester au camp 2, je plaçai des pierres autour de ma tente afin qu'elle ne puisse pas s'envoler, et me préparai psychologiquement à quelques jours de grande solitude.

La tempête ne se fit pas attendre longtemps, et nous restâmes bloqués pendant quelques jours. Parmi les non-népalais, seuls John, Chris, Saoud et moi étions présents. Ne sachant pas que je resterais une semaine bloquée au camp 2, je n'avais emporté qu'un petit livre, *Le Fils de l'Himalaya* de Jacques Lanzmann. Heureusement, Chris me prêta un de ses bouquins, *Thin Air* de Greg Child. Je le dévorai. À l'instar du prisonnier dans *Le Joueur d'échecs* de Stefan Zweig, je l'aurais volontiers lu plusieurs fois, mais Bishal souhaitait également l'emprunter. *Thin Air* est l'histoire de trois expéditions de Greg Child dans l'Himalaya, en style alpin, à savoir le Shivling en 1981, le Lobsang Spire et le Broad Peak en 1983, et le Gasherbrum IV en 1986. Ce récit, rempli d'humour, mais aussi de drames, brosse le portrait de grimpeurs légendaires tels que Doug Scott, Don Whillans et Alan Rouse, et évoque avec beaucoup de sensibilité la mort du compagnon de cordée de l'auteur, Pete Thexton, victime d'un œdème pulmonaire. Cette lecture me rappela mon périple au pied du Shivling, montagne sacrée dédiée au dieu Shiva. Alors en thèse de doctorat, j'accompagnais des étudiants canadiens en voyage en Inde, à Gomukh, source du Gange. Plus haut, à Tapovan, nous avions passé la nuit dans une petite hutte des plus rustiques en compagnie d'un baba. Avec mon ami Julien, qui cherchait désespérément Babaji, le célèbre sage aux longs cheveux qui, selon la légende, aurait vaincu la mort, nous avions rendu visite à une jeune Allemande vivant dans une grotte non loin. Cette femme aux cheveux blonds et aux yeux bleu très clair avait décidé de faire une retraite de plusieurs mois dans l'une des grottes au pied du Shivling. Quel courage ou quelle folie, je ne sais pas, la frontière entre les deux est mince. Plus tard, j'appris que cette jeune femme avait épousé un prêtre hindou, un mariage qui devint vite une prison. Il lui fallut plusieurs années avant de pouvoir s'échapper et rentrer en Allemagne auprès de sa famille.

Les jours passèrent, lentement, très lentement. Il neigeait sans cesse et le vent ne se calmait pas. Nous eûmes néanmoins quelques moments de répit qui nous permirent de marcher un peu, de prendre l'air, de manger, et surtout de vérifier l'état de nos tentes après avoir déblayé la neige. Pendant toute cette période, j'avoue avoir connu des moments de frayeur lorsque le vent soufflait particulièrement fort. La tente, complètement plaquée par les rafales, manqua de m'aplatir comme une crêpe à l'intérieur. Recroquevillée dans le coin le moins exposé de la tente, j'essayai tant bien que mal de me protéger. À plusieurs reprises, je crus que la tente allait s'envoler malgré les pierres qui l'entouraient. Cela n'arrive pas que dans les aventures de Tintin ! Plusieurs alpinistes se retrouvèrent ainsi sans toit lors de violentes tempêtes. Pour ma part, j'avais des chances de me retrouver soit dans les toilettes, soit dans une des crevasses autour. Rien de très réjouissant dans les deux cas. Quitte à choisir, j'aurais opté pour les toilettes. Je répétai alors un des mantras de protection dans l'espoir d'apaiser les éléments afin que la tente ne s'envole pas. Le bruit était impressionnant, un bruit de guerre, qui vibre en vous et vous donne envie de partir en courant.

Cette tempête, aussi effrayante fut-elle, eut le mérite de me rappeler les forces incommensurables et incontrôlables de la nature. Face à cette puissance, nous ne pouvons que retourner humblement à notre juste place, c'est-à-dire pas grand-chose à l'échelle terrestre. Après tout, n'étions-nous pas là pour nous sentir vivants, pour nous sentir plus humains, plus mortels ? Les avalanches, parfois énormes et d'une puissance impressionnante, étaient nombreuses. Une nuit, alors que j'étais emmitouflée dans mon sac de couchage, une avalanche toute proche explosa avec une telle force que j'étais presque sûre qu'elle allait m'engloutir pour toujours. Selon les sherpas, notre campement était sûr à 85 %, ce qui signifie qu'il y avait 15 % de chance de se faire emporter ! Saoud tenta bien de revoir ce pourcentage à la hausse, mais en vain, sa tentative de négociation n'aboutit malheureusement pas. Tel un être vivant, le glacier bougeait, craquait et gémissait régulièrement, surtout la nuit, car il se dilatait et se contractait avec les changements de température. Je sentais parfois des vibrations parcourir mon corps ; c'était le glacier.

Au fil des jours, mon énergie diminuait de plus en plus, notamment parce que mon corps devait produire beaucoup plus de globules rouges pour compenser à la fois le manque d'oxygène et la perte de sang due à mes règles. Tout comme ces femmes qui, par le passé, au Japon par exemple, s'isolaient pendant leur cycle menstruel dans de beaux endroits pour communier avec elles-mêmes et la nature, je faisais moi aussi, quelque part, ma « retraite menstruelle ». Si celle-ci fut quelque peu imposée par les conditions météorologiques, je reconnais néanmoins que le paysage, face au Lhotse et aux sommets environnants, était splendide – lorsqu'on pouvait voir quelque chose –, même si j'aurais aimé un peu plus de chaleur et de confort, et moins de vent et de neige.

Alors que dans certaines traditions, ces retraites sont considérées comme une marque de respect et d'attention envers les femmes, dans d'autres, cependant, ces isolations sont signes d'impureté. C'est notamment le cas au Népal et en Inde, dans certains courants traditionnels de l'hindouisme. J'eus moi-même l'occasion de l'expérimenter dans le cadre de ma recherche doctorale, où, indisposée lors d'une des retraites organisées par la *sangha* (communauté religieuse) de Ma Anandamayi, je fus mise à l'écart pendant quelques jours afin de respecter les règles de pureté (*jhuta*) propres à l'orthodoxie brahmanique. Comble de l'histoire, je fus « dénoncée » par une jeune Indienne à qui je m'étais confiée. À cela s'ajoutait mon statut d'étranger, qui me rend intouchable selon les règles de pollution propres au système des castes. J'étais donc doublement impure ! Dans d'autres traditions de l'Inde, notamment celle des Bâuls du Bengale, cette période représente au contraire une source de joie et de célébration. Au sein des traditions tantriques, et en particulier des Saktas, les hommes et les femmes perçoivent également le sang menstruel comme sacré et digne d'être vénéré.

Un matin, à la fin de cette semaine infernale, je faillis m'évanouir tellement je me sentais faible, épuisée par mes menstruations et l'altitude. Je crus même voir du sang dans mes selles ; j'imaginai le pire et commençai à paniquer. Au retour de l'expédition, je ressentis d'ailleurs des maux de ventre pendant plusieurs semaines, et dus passer une échographie abdomino-pelvienne à Sallanches, près de Chamonix. Selon le médecin, il était normal d'avoir de telles douleurs car le corps avait concentré son énergie sur le cerveau et le cœur plutôt que sur l'intestin.

La motivation diminua à force d'attendre sans rien faire et de tourner en rond. Je n'avais plus rien à lire et pas de films à visionner – la batterie de mon téléphone était trop faible, et chacun gardait ses précieuses réserves d'énergie solaire. Je réussis néanmoins à regarder *Cinquante nuances plus sombres*, un des rares films que je parvins à télécharger pendant la marche d'approche. Avis aux curieux, je n'eus point de rêves ou de visions érotiques par la suite, ni d'aventures avec quiconque à ces hauteurs. J'admire d'ailleurs les grimpeurs qui osent, à cette altitude et malgré le manque d'hygiène, d'intimité, et d'énergie aussi, s'adonner aux plaisirs de la chair. Reste que pour les sherpas, se livrer à des ébats érotiques viendrait contrarier la déesse Chomolungma. Il faut montrer patte blanche, être d'une pureté sans pareille pour grimper l'Everest. Je ne saurais dire s'il en va de même pour le Lhotse.

De nombreuses questions surgirent au cours de cette longue semaine : « Qu'est-ce que je fais ici ? Pourquoi est-ce que je m'inflige tout cela ? Est-ce que je vais pouvoir grimper et revenir saine et sauve ? » Mes proches me manquaient, toujours le même sentiment de solitude qui revenait. Je devais aussi penser à la prochaine étape, à ce que je ferais à mon retour. Du côté de l'équipe, enfin, ce qu'il en restait, tout se passait bien. Lorsque cela était possible et qu'il n'y avait pas trop de vent et de neige, nous nous retrouvions dans la tente mess pour les repas. J'étais cependant mal à l'aise avec John, je trouvais qu'il se comportait parfois bizarrement. Il était souvent froid, voulait toujours avoir raison – par exemple lorsqu'il affirmait à tort qu'il n'y avait pas de camp 4 pour le Lhotse –, et était très égocentrique. La présence de Saoud était, au contraire, des plus agréables. Connaissant les mœurs de l'Arabie saoudite et la place des femmes dans ce pays, j'étais initialement plutôt réticente à le rencontrer et à l'avoir dans mon équipe, mais les préjugés sont faits pour être brisés. Si, à l'époque, j'avais encore occupé mon poste au Quai d'Orsay de responsable des questions religieuses et de radicalisation, j'aurais été méfiante et aurais évité certaines discussions, mais ce n'était plus le cas. Fils de diplomate, Saoud avait beaucoup voyagé et était ouvert d'esprit, ce qui nous permit d'avoir de nombreuses conversations sur des sujets divers et variés. Au fil des discussions mêlant diplomatie, politique, religion et alpinisme, je ne pus m'empêcher de penser à Gertrude Bell, cette femme extraordinaire, dont la vie aventureuse est née de son amour de la haute montagne. À la fois alpiniste, archéologue, espionne et diplomate britannique, son rôle dans la construction du Moyen-Orient contemporain fut des plus importants. Mieux que quiconque, elle avait compris la complexité de cette région du monde, ses clans, ses alliances et ses antagonismes, et avait su gagner le respect des cheiks, d'où son surnom « Al-Khatun », la noble dame du désert. Malheureusement, son histoire fut évincée par celle de Lawrence d'Arabie.

Le sherpa de Saoud se nommait Pasang (ce qui signifie « vendredi » en langue sherpa). Ce quadragénaire père de deux enfants guidait depuis de nombreuses années. Malgré son âge, il suivait le cours de l'Association nationale des guides de montagne du Népal pour devenir guide officiel. Comme beaucoup de sherpas qui diversifient leur profession de guide de haute montagne après un certain âge, il avait sa propre agence de trekking et d'expédition à Katmandou. Si sa langue maternelle était le sherpa, une langue proche du tibétain, Pasang parlait aussi le népalais et l'anglais, et se débrouillait un peu en allemand, même si je ne comprenais pas grand-chose avec son accent ! Bienveillant et compétent, Pasang allait grandement m'aider, veillant sur moi tout au long de l'expédition, même si je n'étais pas sa cliente.

Au bout d'une semaine, nous pouvions enfin aller au camp 3. Il était temps, car nous n'avions presque plus de nourriture ni de papier toilette. Comme dirait un ami et ancien collègue du ministère, ce n'est pas Daech, mais la dèche ! Heureusement, Pasang eut la gentillesse de se dévouer pour aller chercher de la nourriture en bas. Je dois reconnaître que malgré l'attente, le froid, l'altitude, etc., cette semaine à 6400 mètres me permit de m'acclimater plus que la grande majorité des alpinistes. Et puis, cette inactivité eut aussi du bon. Dans une société qui met l'accent sur l'hyper-productivité, et dans laquelle nous devons être constamment occupés, nous avons tendance à considérer l'inactivité comme un péché, comme quelque chose dépourvu de toute utilité. Pour beaucoup d'entre nous, il n'est pas facile de ne rien faire, de ne pas essayer de combler chaque moment de la journée sans ressentir une certaine culpabilité, car comme le dit si bien le dicton « le démon se charge d'occuper les mains oisives ». Pourtant, l'inactivité est parfois bénéfique. L'absence d'Internet, loin d'être un élément gênant, a l'avantage de nous couper des réseaux sociaux et des informations qui polluent quotidiennement nos esprits. Ce sont des moments précieux où nous pouvons enfin prendre le temps de nous arrêter, d'observer notre environnement, et d'apprécier les choses simples de la vie, comme écouter le vent souffler, respirer, regarder la neige tomber, ou contempler la beauté des sommets lorsque ces derniers veulent bien se dévoiler. Ces moments, aussi brefs soient-ils, j'essayai de les accueillir dans toute leur beauté.

Nous vîmes finalement le reste de la troupe américaine débarquer ; Graham, James et Morgan. Ce dernier semblait être dans un état déplorable. Au cours de sa montée au camp 2, il avait développé un phénomène de bulle d'air dans le cou. Dès qu'il toussait, c'est-à-dire très souvent, les bulles émettaient un gargouillement alarmant. Paniqué, craignant un œdème ou quelque chose de similaire, épuisé par la chaleur et la déshydratation, Morgan nous raconta qu'il s'était agenouillé et avait commencé à prier pour ne pas mourir. Coïncidence ou non, une énorme avalanche passa à ce moment précis à moins de 10 mètres de lui, coupant littéralement le chemin perpendiculairement, mais l'épargnant. Il abandonna alors son sac sur le côté et continua de peur qu'une autre avalanche ne vienne cette fois-ci l'emporter. La seule réaction de John à l'écoute de son récit fut de lui demander : « As-tu pris une belle photo ? »

Jalousie, quand tu me tiens !

Le 7 mai, je réalisai enfin l'ascension au camp 3. Il y avait très peu de monde, la majorité des grimpeurs étant encore au camp de base à cause de la tempête. Notre campement étant situé tout en bas du camp, il nous fallut quarante-cinq minutes pour traverser tout le camp, puis une heure pour atteindre le point de cramponnage. L'Everest et le Lhotse semblaient très proches, mais il restait pourtant un long chemin à parcourir. En réalité, la haute montagne ne commençait qu'à cet endroit.

J'escaladai ainsi la muraille de glace bleue vers le camp 3 (7 100 m). Chris et moi avancions d'un bon rythme, dépassant les rares grimpeurs présents. Bishal était également là, non loin de nous. Des pierres, et même une pelle, tombèrent à vitesse grand V le long de la face. Chaque fois, nous entendions de grands cris : « pierre, pierre, attention ! » ou « pelle, pelle, pelle ! ». Pour la pelle, il me fallut un peu de temps pour comprendre de quoi il s'agissait, car je ne m'attendais pas à voir une telle chose dégringoler ici. Ce sont des chutes totalement imprévisibles : pas de signe précurseur, pas de craquements entendus au-dessus, aucun signe d'avertissement en somme. Le temps de réaction est extrêmement court. À n'importe quel moment, une pierre, une pelle, ou tout autre objet peut tomber sur la tête du grimpeur, ou ailleurs ; c'est le « hasard » qui décide. Le meilleur conseil est de passer le moins de temps possible dans cette zone exposée. Que notre heure soit venue ou pas, j'appréciai l'esprit de solidarité qui existait au sein des grimpeurs. Chris, Bishal et moi arrivâmes au camp 3 trois heures après le point de cramponnage. Saoud et Pasang nous rejoignirent bien après.

Avec un mur de glace comme la face du Lhotse, il va sans dire que la moindre chute dans cette zone est fatale. Aussi, lorsque j'arrivai au camp 3, situé sur une sorte de plateforme creusée dans la glace, Bishal m'enjoint, comme à un enfant, de ne pas bouger. La moindre erreur, et je finissais comme la pelle qui avait dévalé la pente. Aucune chute n'était permise. Sage comme une image, j'obéis et demeurai immobile.

Lors de la descente, je me servis de mon ATC guide, une sorte d'appareil d'assurage. Celui-ci s'avéra difficile à utiliser car les cordes étaient extrêmement tendues en raison du nombre grandissant de grimpeurs. Je n'ai d'ailleurs jamais compris pourquoi Bishal avait insisté pour que j'utilise ce dispositif spécifique, d'autant plus qu'il endommage la corde. En fait, descendre en rappel avec de simples mousquetons, comme le faisait Saoud, ou avec un huit, comme Chris, était beaucoup plus simple. De plus, Bishal me pressait, me disant que je devrais descendre plus vite, que les Français sont de bons grimpeurs. Je marchais pourtant à un bon rythme. Dans la précipitation et sous la pression, je fis tomber mon ATC. Heureusement, il ne blessa personne. Bishal me prêta alors son descendeur, et lui descendit sans problème avec un nœud italien.

De retour au campement, je me rendis à la tente mess pour déjeuner. J'y trouvai les Américains. Lorsque j'entrai dans la tente, je reçus un accueil des plus froids ; pas un bonjour, pas un mot pour me saluer, pas une seule question pour me demander comment j'allais, comment mon ascension s'était passée. Absolument rien. Silence total. Je me rendis vite compte que je n'étais pas la bienvenue et m'abstins de tout commentaire. Chris eut droit au même traitement que moi. Non seulement il avait atteint le sommet du Mera Peak et celui du Lobuche, contrairement aux autres membres de son équipe, mais il était également le seul à avoir touché le camp 3. C'en était certainement trop pour John et ses camarades. Chris venait de marquer définitivement son exclusion du groupe.

Le lendemain, nous redescendîmes au camp de base après une dizaine de jours en altitude. Mon corps était déjà usé par le froid, l'altitude, les pertes menstruelles et le manque de sommeil. Nous partîmes groupés – Chris, Saoud, Morgan, qui était malade, et moi –, avec deux sherpas, Bishal et Pasang. Bishal était particulièrement désagréable ce matin. Il n'y avait pas de doute, il ne voulait définitivement pas grimper le Lhotse avec moi. Ayant manqué de peu le sommet de l'Everest avec son précédent client, il tenait absolument à y retourner. Comme pour tous les sherpas, l'ascension de l'Everest, la plus haute et la plus célèbre montagne du monde, symbolise le succès, mais aussi la sécurité de l'emploi et les bénéfices financiers, puisque la prime minimum pour l'ascension de l'Everest (2 000 dollars) est le double de celle du Lhotse. Pour Bishal, j'étais en quelque sorte en train de lui voler « son Everest », je le privais de tous les avantages liés à cette ascension.

Alors que nous franchissions une échelle, Bishal me somma à nouveau de marcher plus vite, alors que j'avais le même rythme que les autres. C'en était assez ! Je finis par lui demander de stopper cette pression inutile. Il ne réagit pas et partit, sans prendre la peine de tenir les cordes de l'échelle comme il l'avait fait pour les autres. Heureusement, une femme qui faisait partie des grimpeurs qui se tenaient de l'autre côté de la crevasse et qui avaient observé la scène, eut la gentillesse de tenir les cordes pour moi. Je la remerciai chaleureusement. Solidarité féminine. J'étais inquiète pour la suite. Comment se comporterait Bishal pour le sommet ? Devrais-je changer de sherpa ? Devrais-je parler à Bishal de son attitude ? De nombreuses questions émergèrent dans ma tête.

Au fur et à mesure des passages d'échelles, l'attitude de Bishal changea. Au point qu'à un moment, il me demanda comment j'allais ! Avait-il pris conscience qu'il s'était mal comporté avec moi ?

Le passage en rappel approchait ; un mur vertical d'une quinzaine de mètres – et des crevasses en bas. Bishal, pressentant probablement mon angoisse, me dit de ne pas paniquer, ce qui, bien sûr, eut l'effet inverse. Chris, qui avait beaucoup plus d'expérience que moi, descendit en premier pour pouvoir ensuite m'assurer. Mon tour arriva. Je commençai à descendre très lentement, mes pieds touchant encore la glace. Et tout à coup, plus rien, le vide. La peur disparut pour laisser place à l'instant. Puis ce fut le tour de Saoud, qui fit des tours en l'air sur lui-même. C'était assez amusant à regarder, d'autant plus que j'étais déjà passée ! Finalement, ce fut le tour de Morgan, puis Pasang. Quelle grâce chez ce dernier, quelle légèreté, on sentait l'expérience.

La descente continua sous une chaleur accablante. Peu à peu, nous nous éloignâmes de Saoud et Morgan et continuâmes notre chemin, évitant de nous attarder dans les endroits les plus délicats. De plus, les passages répétés des hélicoptères créaient des vibrations qui favorisaient les chutes de séracs.

En à peine dix jours, je constatai que la cascade avait changé ; de grands trous, notamment, avaient fait leur apparition, ce qui en soi n'avait rien de surprenant car le glacier avançait d'environ un mètre par jour. Je ne me sentais juste pas rassurée à l'idée de traverser ces énormes gouffres prêts à m'engloutir. Je pris alors mon courage à deux mains et sautai, en espérant ne pas me retrouver pendue à une corde.

En chemin, nous rencontrâmes Jase et son ami sherpa, Dhurba, qui se dirigeaient vers le camp 2. Bien qu'il n'en fasse pas l'ascension, Jase avait un permis pour grimper le Nuptse et pouvait donc s'aventurer sur le glacier. Un peu plus loin, nous croisâmes Rodrigo qui revenait de Katmandou après avoir accompagné son ami et client Mauro à l'hôpital. Rodrigo toussait beaucoup et n'avait pas bonne mine. Peu de temps après, il dut quitter l'expédition et retourner à l'hôpital de Katmandou, non pas pour son client qui était déjà rentré au Brésil, mais en raison d'une pneumonie !

Plus j'approchais du camp de base, plus le paysage était différent de celui que j'avais vu à la montée. De petits ruisseaux, voire des rivières, s'étaient même formés. Nous arrivâmes finalement au camp en début d'après-midi. Notre déjeuner était prêt et surtout, il y avait du Coca-Cola, ma boisson de prédilection pendant ce périple ! Ma grand-mère, chimiste et docteure d'État, à une époque où les femmes venaient à peine d'acquérir le droit de vote, en buvait beaucoup. Elle avait pu rédiger sa thèse grâce au Coca-Cola, cela stimulait son cerveau, disait-elle, et l'aidait à rester éveillée quand elle travaillait la nuit. Pour ma part, j'avais surtout l'impression qu'il nettoyait mon système digestif de toutes les bactéries un peu trop envahissantes et me fournissait une dose de sucre rapide lorsque je manquais d'énergie.

Dans la tente mess, deux trekkeurs amis de Rodrigo, une Brésilienne et un Australien étaient présents. C'est à ce moment-là que le directeur de l'agence, Anil, fut informé du projet fou de Rodrigo de sauter en parapente du sommet du toit du monde !

Bien trop fatiguée pour prendre part aux conversations, je m'éclipsai. Quelque chose de primordial m'attendait. Ma douche ! Inutile de dire que j'avais arrêté depuis longtemps de prendre les douches froides recommandées par Wim Hof ! Je reçus donc mon seau d'eau chaude, et me lavai même les cheveux. Quel plaisir, je me sentais régénérée ! Ce plaisir n'était à l'évidence pas partagé par tout le monde. C'était le cas de Morgan, qui avait fait le pari de ne pas prendre de douche pendant toute l'expédition. Il arrive un moment où l'expression des sherpas « *no shower smells like flowers* » ne fait plus effet ! Il ne sentait assurément pas la rose. Je réussis à m'éloigner des personnes les plus puantes dans la tente mess, mais en vain, l'odeur n'avait pas de limites !

À ce propos, revenant de la clinique (MEDIC), Morgan trébucha et tomba dans un des petits ruisseaux du glacier. Acte manqué ? On peut s'interroger... Cela devait-il être considéré comme une entorse à son pari ? Cela restait à voir. Il est vrai, cependant, que l'on tombe plus facilement malade lors d'une expédition en haute montagne si on se lave souvent. Selon mon sherpa, « cela change aussi les énergies ». Suivant ses conseils avec grande attention, je n'avais d'ailleurs pas pris de douche lors de mon expédition à l'Himlung. Il est vrai qu'elle n'avait duré que deux semaines, qu'il faisait plus froid (automne) et qu'il n'y avait qu'un Israélien et moi, ce qui limitait drastiquement les odeurs dans la tente mess.

Le soir, Jase, Chris, Saoud, Morgan, Pasang et moi passâmes quelques heures dans la tente à discuter. L'atmosphère était très agréable. Le bilan de ce premier voyage n'était pas brillant et n'augurait rien de bon pour la suite : une chute de 25 mètres dans une crevasse, qui heureusement laissa notre ami brésilien indemne ; une tempête de neige à 6 400 mètres ; de multiples avalanches qui frôlèrent nos camps, et un Américain, Morgan, qui échappa de justesse à l'une d'entre elles ; l'évacuation par hélicoptère d'un membre de l'équipe népalaise souffrant du mal de l'altitude ; un Brésilien souffrant d'une pneumonie ; et des Américains en proie au mal d'altitude. De mon côté, je tenais bon ! Et heureusement, je ne souffrais pas du mal des montagnes. Pas de maux de tête, pas de vomissements, pas d'essoufflement, un bon appétit. Seul hic, un mauvais sommeil, causé davantage par le froid que par l'altitude, puisque pendant la journée, en plein soleil, j'étais capable de dormir dans la tente. Même si je me sentais relativement bien, craintes et doutes subsistaient.

Retour à Namche Bazar,
capitale des Sherpas (3 440 m)

Chemin faisant vers le village
de Thame (3 820 m)

Puja (cérémonie) au camp de base de l'Everest

Une journée sur la cascade de glace

Traversant une crevasse sur le glacier du Khumbu ©Chris Dunn

Avalanches successives au camp 1 (6 100 m)

Le Lhotse au loin

Cuir chevelu attribué à un yeti,
monastère de Khumjung (3 970 m)

La déesse Chomolungma (l'Everest) du sommet du Lhotse

Au sommet du Lhotse (8 516 m)

Le couloir du Lhotse et mes pieds !

Pemba Sherpa au camp 4 (7 850 m)

Repos au camp 3 (7 100 m), lors de la redescente

Le Lhotse vu du camp 2

CHAPITRE 4

LA PÉRIODE ENTRE-DEUX

Si vous voulez que les autres soient heureux, pratiquez la compassion.
Si vous voulez être heureux, pratiquez la compassion.
Dalaï-Lama

Personne ne peut vous faire sentir inférieur sans votre consentement.
Eleanor Roosevelt

La dolce vita à Namche

Le matin, je fus réveillée par un beau soleil. J'avais dormi plus de dix heures, d'une traite. Je ne m'étais même pas réveillée pour aller aux toilettes, chose rare. Malgré cette excellente nuit, je me sentais pâteuse. N'ayant pas de miroir à disposition, je me pris en photo pour voir à quoi je ressemblais. Je découvris avec horreur que mon visage était tout boursouflé, mes lèvres terriblement abîmées, et mon visage brûlé ; quel spectacle de désolation ! Malgré mon écran total et mon stick à lèvres, ma peau fragile n'avait pas résisté aux rayons du soleil, particulièrement puissants en haute altitude. De retour en France, mes amies me demandèrent si l'on m'avait draguée pendant le voyage. Compte tenu de mon apparence, je ne pense pas. Tout le monde était tellement sale de toute façon ! Et puis, nous étions tellement concentrés sur l'ascension que nous n'étions probablement pas très ouverts à cela, ou peut-être n'ai-je rien voulu voir.

Je pris le petit déjeuner avec Morgan, Julio, Saoud et Chris. Luxe suprême, nous avions du yaourt et Julio nous avait apporté du beurre de cacahuètes, en provenance directe du Brésil. Délicieux et riche en calories ! Nous eûmes même droit à une mise en scène de Julio, qui, alors qu'il nous montrait des vidéos de skateboard, commença à simuler les virages et tous les mouvements ; il était à fond !

Après dix jours sans nouvelles, je décidai d'appeler mes proches qui étaient certainement inquiets. Je leur avais dit que je ne m'absenterais que cinq ou six jours. Le matin, je partis donc pour Gorakshep. Quel plaisir de marcher sur un sentier sans avoir à me soucier des crevasses ou des séracs qui pouvaient me tomber dessus à tout moment. Il y avait aussi beaucoup moins de monde sur le chemin car c'était déjà la fin de la saison touristique – le trek de l'Everest se fait généralement en mars-avril et en octobre-novembre.

J'arrivai à Gorakshep après une heure de marche. Cette fois, pas de Kala Pattar pour moi ; j'avais besoin d'un peu de repos. Je m'installai donc dans mon endroit préféré, au *Buddha Lodge*, et me lançai dans plusieurs heures de discussions avec ma famille et mes amis. Comme c'était bon de communiquer à nouveau ! Plus tard, de retour au camp, je ne parvins pas à me réchauffer, impossible de m'habituer au froid. Dans la tente mess, j'eus heureusement le privilège de m'asseoir à côté du chauffage, privilège que je savourais sans une once de culpabilité.

Le lendemain, je me réveillai avec une terrible douleur à la nuque. Après le petit déjeuner, j'allai m'asseoir dehors sur des rochers, et Pasang eut la gentillesse de me faire un petit massage du cou et des épaules. Nous discutâmes ensuite de la possibilité d'unir nos forces pour ouvrir un salon de beauté et de massages au camp de base, ainsi qu'un centre de yoga, où je pourrais donner quelques cours.

Dans la matinée, notre campement se vida. Chris partit tôt pour Namche, principalement pour acheter un casque, bien que John eût dit à son équipe qu'il était inutile d'en avoir un pour l'ascension de l'Everest ou du Lhotse ; il semblait en outre considérer l'utilisation des crampons comme secondaire puisque, selon ses dires, il avait escaladé l'Everest sans.

Saoud partit également, mais moins loin, à Debuche. Son objectif : trouver des arbres et respirer plus d'oxygène ! Pour ma part, l'idée de rester au camp de base jusqu'à la date du départ pour le sommet ne m'enthousiasmait guère. Je décidai finalement de partir aussi, je ne pouvais plus rester ici à boucaner toute la journée et geler la nuit. Ce n'était pas bon pour mon moral. J'irai à Namche aussi ! J'en parlai au directeur de l'agence, Anil, qui me donna un délai pour rentrer. Vers midi, je quittai le camp, équipée d'un petit sac à dos.

Je connaissais le chemin par cœur. Avec la fin de la saison, la piste était presque déserte, et il était agréable de marcher sans embouteillage. À Lobuche, je fis une pause dans la plus haute « boulangerie » du monde pour prendre un vrai café. C'était tellement calme !

Empruntant le chemin vers Dingboche, j'arrivai à Pangboche vers 17 h 30. Pangboche était un peu comme ma seconde maison. Ici, je me sentais protégée, certainement du fait de la présence du plus ancien monastère de la région et de celle du lama. Cette fois-ci, je décidai de changer de gîte ; dans celui que j'avais choisi la dernière fois, Internet ne fonctionnait pas correctement. Mon choix se porta sur le *High Sherpa Lodge*, très confortable, avec une belle salle à manger tout en bois comme j'aime. La dame du lodge m'apprit que Messner avait séjourné ici ; elle était d'ailleurs très fière de me montrer quelques photos prises lors de sa venue. Ici aussi, c'était désert, seuls deux Russes étaient présents. J'étais bien trop fatiguée pour entamer la conversation avec eux, et la connexion Internet avait bien plus d'importance à ce moment-là. Dans le hall d'entrée du gîte, je me regardai dans un miroir. C'était encore pire que sur la photo ! Mon visage était comme carbonisé, mes lèvres étaient tout abîmées. Ma langue, bizarrement, me brûlait ; je ne savais pas qu'on pouvait attraper un coup de soleil à cet endroit. Je réussis malgré tout à avaler une soupe et quelques *momos*, puis me rendis dans ma chambre. Après une inspection minutieuse à la recherche d'éventuelles bestioles qui seraient tentées de venir me rendre visite dans mon sac de couchage pendant la nuit, je m'endormis profondément.

Le lendemain matin, je pris mon petit déjeuner avec la gérante du lodge ; une omelette au fromage pour moi, un bol de tsampa, un plat tibétain à base d'orge grillée, pour elle. Son mari faisait partie du SPCC, le Comité de contrôle de la pollution de Sagarmatha, et dirigeait également une agence de trekking. Un vrai couple d'entrepreneurs. Je la remerciai et pris congé pour continuer vers Tengboche. En chemin, je rencontrai par hasard les sympathiques Dalong et Mahendra, qui m'avaient accueillie au camp 2 alors que mon sherpa avait disparu et que mon campement était introuvable. Après quelques jours de repos à Debuche, ils retournaient au camp de base. Nous discutâmes un moment en chemin, sous les arbres. Un moment bien agréable.

J'arrivai à Namche vers 13 heures. Enfin ! Je ne savais pas où loger. J'entendis alors deux hommes qui demandaient leur chemin pour se rendre au *Panorama Lodge*. J'avais ma réponse, j'irai aussi au *Panorama Lodge* ! Situé sur les hauteurs de Namche, il était considéré comme l'un des plus beaux du village, avec bien sûr l'*Everest View Hotel*. J'y retrouvai avec joie le groupe de femmes du Moyen-Orient, composé de Mona Shahab d'Arabie saoudite, et des Libanaises Nelly Attar et Joyce Azzam, qui m'avait aidée avec les serviettes hygiéniques au camp 2. Il y avait aussi Nadhirah Al Harthy, la future première Omanaise à gravir l'Everest. Toutes ces femmes déterminées souhaitaient envoyer un message fort pour encourager les femmes arabes à poursuivre elles aussi leurs rêves.

Le propriétaire du lodge me proposa une belle chambre, calme, avec un lit double, de vrais draps, de l'eau chaude, et même une couverture chauffante ! Je pris une douche et me badigeonnai le visage avec de la vaseline. J'étais horrible, avec toute cette crème et mes brûlures ! Après un bref repas au restaurant de l'hôtel, je me couchai sans tarder, mais ne dormis pas bien. Mon visage me faisait mal, mon cou était douloureux. Et puis, je n'arrêtais pas de penser à l'ascension finale, j'avais peur. Je m'interrogeais aussi sur l'après-expédition. Bref, malgré le grand confort du lieu, la nuit fut loin d'être sereine.

Le premier jour à Namche, je commençai bien sûr par aller boire un vrai café à l'*Himalayan Java Coffee*, qui deviendrait mon QG, puis me rendis à l'*Alpine Lodge*, l'hôtel où Chris était descendu. Malheureusement, il avait déjà quitté les lieux ! Quelle rapidité, ce Chris ! J'allais ensuite vérifier la disponibilité des hélicoptères pour retourner au camp de base. Rien d'écologique dans cette décision, mais la descente d'hier m'avait largement suffi, je ne voulais pas refaire la même marche, surtout avec cette chaleur, et risquer d'arriver encore plus fatiguée et rouge comme une écrevisse. Puis, je continuai avec mon activité favorite, le massage ! Je ne le regrettai pas ; ce massage d'une heure et demie détendit tous mes muscles et me permit de mieux dormir.

Comme pour compenser l'infortune de mon expédition, je décidai de me rendre au monastère de Namche dans l'espoir de recevoir quelques bénédictions additionnelles. Lorsque je rencontrai le gardien des lieux, un moine grand et fort, il ne trouva rien d'autre à me dire que « Lhotse… mais c'est très dangereux ! » Je le remerciai pour ces mots qui ne firent que renforcer mon angoisse. En écoutant mon histoire et en apprenant que j'avais réussi à atteindre 7 200 mètres pour mon acclimatation, il me félicita et me prit dans ses bras de géant ! Comme je le souhaitais, il me bénit et me donna une *khata* et quelques graines magiques.

Plus tard, je téléphonai à ma famille et parlai notamment à ma petite-nièce, qui, tout en regardant son dessin animé préféré du moment, *Pocahontas*, me dit que je lui manquais. Elle semblait cependant beaucoup plus intéressée par son dessin animé que par sa tata. Comment pouvais-je en effet rivaliser avec Pocahontas ?! La journée passa vite, entre les massages, les appels, les allers-retours à la pharmacie où j'achetai tout ce que je pouvais trouver pour mon visage, le shopping dans les magasins de trekking et autres, les cappuccinos, les gâteaux aux carottes, etc. J'appréciai de plus en plus cette petite pause ! Dans une des boutiques, j'hésitai à acheter le livre *Into thin Air*[27], écrit par le journaliste et alpiniste Jon Krakauer, qui raconte la tragédie dont il fut témoin en 1996 et qui coûta la vie à huit membres de son expédition à l'Everest, dont deux guides de renom, Rob Hall et Scott Fischer. Je reposai le livre et me dis que j'avais assez de misère comme ça et que je le lirai à mon retour. Je rendis également visite à la Sherpani rencontrée au centre d'acupuncture à Katmandou. Celle-ci ne semblait pas aller mieux, et souffrait maintenant de maux de dents. Elle m'apprit que son frère dirigeait une compagnie d'hélicoptères ; elle allait se renseigner pour moi.

En rejoignant mon hôtel, je m'arrêtai au Mountain Medical Institute. Les filles du Moyen-Orient, craignant de perdre le bénéfice de leur acclimatation en restant trop longtemps à Namche, m'avaient alertée à ce sujet, et je voulais avoir l'avis d'un médecin local. Bien que l'institut soit déjà fermé, je pus rencontrer le

27 *Tragédie à l'Everest* dans sa version française.

médecin. Il répondit gentiment à toutes mes questions et me dit qu'il n'y avait pas de règles, que les gens pouvaient rester à Namche jusqu'à deux semaines ou plus et atteindre le sommet de l'Everest sans soucis. Quand je lui parlai de mes brûlures au visage, il me répondit qu'il n'y avait malheureusement pas grand-chose à faire, si ce n'est éviter une nouvelle exposition au soleil.

Le soir, au restaurant de l'hôtel, je discutai avec le directeur de l'établissement, un ancien Casque bleu. Il avait travaillé dans différents endroits, en Ouganda en particulier, puis après plusieurs années au service des Nations unies, il était finalement retourné au Népal pour reprendre la gestion de l'hôtel familial lorsque sa mère était tombée malade. Je lui parlai alors de mon expérience dans la région des grands lacs, en Afrique, lorsque le CICR m'envoya au Burundi pour ma première mission, puis en Haïti juste après le tremblement de terre. De peur qu'il ne le prenne mal, j'évitai de rappeler que le bataillon népalais avait été accusé d'avoir apporté le choléra sur l'île, provoquant une épidémie des plus catastrophiques, dont le pays n'avait vraiment pas besoin après le puissant tremblement de terre qui a tué plus de deux cent mille personnes. Les Nations unies, et en particulier les soldats de la paix népalais, avaient une très mauvaise image.

En quête de bénédictions

Dans ma quête insatiable de bénédictions et de gris-gris en tout genre, le lendemain, je décidai de me rendre au monastère de Khumjung pour assister à la lecture des cent huit volumes des textes canoniques tibétains du Kangyur, une lecture, paraît-il, très bénéfique. Plus d'une centaine de moines participent à cet événement important qui a lieu tous les ans, chaque moine devant réciter les cent huit textes.

Situé à une altitude de 3 970 mètres, Khumjung est un petit village de la région du Khumbu, connu pour son école, l'Hillary School, fondée par Edmund Hillary en 1961, huit ans après sa conquête de l'Everest. Khumjung est également connu pour son monastère construit il y a quatre cents ans. Fortement endommagé par le tremblement de terre de 2015, et d'une grande importance pour la communauté locale, il fut reconstruit par les villageois alentour. Le monastère fut finalement rouvert par l'abbé de Tengboche. Il abrite notamment ce qui serait le scalp d'un yeti. Edmund Hillary, parti en expédition en 1960 à la recherche de la mystérieuse bête, avait récupéré cette pièce rare chez une villageoise de Khumjung, en échange d'un don au monastère et à l'école locale. Après examen, il s'avéra que le scalp en question appartenait à un animal originaire de la région, probablement une chèvre antilope. Une réplique est maintenant exposée à l'Explorers Club de New York.

Je ne discutai jamais de l'abominable homme des neiges avec les sherpas, mais c'est un sujet inépuisable. En tout cas, une des premières questions que mes trois petits-neveux me posèrent à mon retour est si j'avais vu un yeti ! Regardant mon père, le plus jeune s'exclama : « C'est grand-père, le yeti ! » Dans les régions montagneuses du Népal, on ne se lasse jamais de parler de cette grosse bête poilue qui a la fâcheuse habitude de s'approvisionner dans les stocks de nourriture des grimpeurs et des villageois. Après une rencontre furtive avec la grande bête poilue un soir de juillet 1986, dans une vallée perdue du Tibet oriental, Reinhold Messner suivit ses traces pendant plus de dix ans, parcourant le Népal, le Bhoutan, le Tibet et le nord de l'Inde[28]. Comme il le conclut, le mythe du yeti survivra tant que les peuples de l'Himalaya continueront à croire qu'il est plus qu'un simple animal.

Après une ou deux heures de marche, j'atteignis le village de Khumjung. Quand j'arrivai au monastère, les moines étaient en pause. Les cent huit textes pouvaient apparemment attendre ! Je restai un moment dans la pièce principale, face aux bouddhas et au cuir chevelu du yeti, puis montai les escaliers pour rejoindre la salle de lecture du Kangyur. Les moines étaient de retour. Courbés sur leur texte, absorbés par leur lecture, ils ne semblaient nullement dérangés par l'arrivée d'une Occidentale. Se balançant sur un rythme propre à chacun, ils formaient une sorte de vague rouge, sombre, qui ondulait d'une parole de Bouddha à une autre. Une femme m'invita à prendre place et me servit du thé.

Loin d'être un simple texte, le Kangyur est d'une valeur inestimable pour les adeptes du bouddhisme tibétain, car il contient l'essence même des enseignements du Bouddha (le Dharma). En plus des offrandes qui lui sont faites, sa récitation est indispensable pour qui veut réfléchir et méditer sur le Dharma. Le Kangyur contiendrait, en effet, toutes les méthodes permettant d'accéder à l'éveil dans une seule et même vie, avec les

---

28 Reinhold Messner raconte son histoire dans un livre : *Yeti, du mythe à la réalité* (Glénat, 2000).

instructions clés des grands maîtres des différentes lignées. Sa lecture devient ainsi un support pour qui veut développer sa compréhension du Dharma et parvenir à la libération suprême. À la fin de la lecture, les textes sont rassemblés dans le bon ordre, puis enveloppés dans leur tissu jaune, avant d'être replacés dans le temple, où ils continuent à faire l'objet d'offrandes.

Parmi les nombreux monastères bouddhistes que j'eus l'occasion de visiter, que ce soit au Tibet, en Inde, au Népal ou ailleurs, il y a toujours un ou deux moines curieux qui, intrigués par ma présence, n'hésitent pas à interrompre leur lecture pour discuter. L'un des moines présents, apparemment peu concentré, me demanda d'où je venais et commença à bavarder. M'écoutant parler de mon projet d'ascension, il me dit simplement : « C'est dangereux ! » C'était assez clair, j'avais bien compris le message. Je restai dans le monastère pendant deux ou trois heures, m'imprégnant de l'atmosphère du lieu, de la récitation des mantras. Repensant à l'expédition, je décidai alors de mettre de côté l'Everest et de me concentrer uniquement sur le Lhotse. J'envoyai une requête à l'Univers, au Grand Tout, quel que soit le nom qu'on lui donne, pour être guidée et protégée.

Prenant un tout autre chemin qu'à l'aller, via la piste du petit aéroport non opérationnel de Syangboche, le retour fut beaucoup plus rapide. J'atteignis Namche en moins d'une heure. N'ayant pas envie de sortir, je restai au lodge le soir, profitant de la belle vue sur le village. Les filles du Moyen-Orient étaient déjà rentrées au camp de base, mais un groupe d'Américains venait d'arriver. Un Français, Thierry, en faisait partie.

« Bonjour, je t'ai entendu parler au téléphone tout à l'heure, tu es français ?

— Bonjour, oui, je suis français, mais je vis aux États-Unis depuis plus de vingt ans maintenant. J'habite à Seattle.

— Ah, c'est bien, je ne connais pas Seattle, mais c'est une ville extra apparemment.

— Oui, en effet, c'est génial, t'as la mer et les montagnes, et c'est un endroit magnifique.

— Tu n'as pas l'intention de revenir en France si je comprends bien…

— Pas la moindre envie en effet ! La France, c'est bien, mais pour les vacances !

— Tu grimpes l'Everest ?

— Oui, je vais escalader l'Everest, comme le reste de mon équipe ici, mais un des membres, l'Islandais, m'a convaincu d'aller aussi au Lhotse.

— Waouh, t'es en forme ! Je fais seulement le Lhotse, et ça me suffit amplement ! J'aimerais aussi escalader l'Everest, mais ce sera pour une autre fois.

— Oui, t'as raison, un 8000 c'est plus que suffisant, mais j'ai dit que j'allais essayer, j'ai payé, je vais voir !

— Combien coûte le supplément Lhotse ?

— Dix mille dollars.

— Et si cela n'était plus possible à cause de la météo, par exemple, ou parce que t'es trop fatigué, te remboursent-ils les 10 000 dollars ?

— Non, aucun remboursement ! Oui, je sais, c'est un peu fou, mais bon, je ne reviendrai certainement pas ici, alors je tente !

— As-tu déjà fait un 8000 avant ?

— Oui, j'ai escaladé le Cho Oyu. Ça m'a plu. J'ai ensuite décidé de me lancer dans l'aventure de l'Everest. Pour le Lhotse, ce n'était pas prévu… je viens tout juste de le rajouter au programme. »

Thierry me présenta à tous les membres de son groupe. Ils faisaient partie d'Alpine Ascents, une des agences les plus connues des États-Unis, basée à Seattle. En discutant avec eux, je me rendis compte que mon expédition présentait tous les travers de la mauvaise expédition, comme l'absence de leadership, du moins d'un bon leadership, une désorganisation totale, et un esprit de solidarité et de cohésion quasi absent. Les membres d'Alpine Ascents semblaient au contraire très soudés.

Un couple adorable de retraités américains, des musiciens, qui logeait dans le même hôtel que moi me conseilla de regarder un documentaire diffusé le lendemain. Ce que je fis. « Sherpas, les vrais héros de l'Everest » raconte le parcours de deux sherpas, Dorjee Sherpa, qui avait atteint le sommet de l'Everest treize fois au moment du film, et Norbu Sherpa, que j'eus la chance de rencontrer à Katmandou. Ce documentaire népalo-suisse se concentre sur les conditions de vie des sherpas, leur travail et leurs motivations lors des expéditions sur l'Everest. On les voit notamment préparer l'itinéraire, acheminer du matériel, aménager la cascade de glace du Khumbu et installer les différents camps.

Consciente de la dureté de la vie des sherpas, je ressentis un pincement de cœur en pensant aux risques énormes qu'ils encourent à chaque fois pour accompagner des clients, comme moi, jusqu'au sommet. Le passage sur la mort du Suisse Uwe

Gianni Goltz me mit également mal à l'aise. Tentant l'ascension de l'Everest sans oxygène, il devint fou, refusa l'oxygène que lui proposaient les sherpas, puis mourut d'épuisement.

Plus le départ approchait, plus j'étais nerveuse. Les dangers de la cascade de glace et ceux de la zone de mort, que je n'avais pas encore traversée, m'angoissaient. Peut-être n'était-ce pas une bonne idée de regarder ce documentaire maintenant ?

No negotiation!

Les jours défilèrent à grande vitesse et, après une semaine à Namche, je dus me résoudre à retourner au camp de base afin de ne pas rater le créneau météo et perdre le bénéfice de mon acclimatation. Je n'étais quand même pas là pour me faire dorloter ! La veille de mon départ, le 14 mai, je dormis extrêmement mal. Je me sentais très nerveuse, et n'étais probablement pas la seule. Il y avait comme de la tension dans l'air.

J'avais pourtant médité pendant mon séjour à Namche, mais en vain, la peur revenait toujours, encore et encore. Je ne parvenais pas à m'en défaire et, quelque part, à accepter que je puisse mourir. J'avais beau me dire « Je ne suis pas cette émotion changeante », « Je ne suis pas cette pensée », « Je ne suis pas ceci, je ne suis pas cela », ou ce que les Upanishads, ces textes sacrés de l'hindouisme, appellent aussi plus simplement « *neti neti* », cela ne m'aida guère. Il m'était très difficile de me détacher de la situation. J'aurais fait l'inverse, comme dans les pratiques non dualistes du vedanta, et médité sur ce « Je suis », « Je suis la

Réalité suprême », cela aurait été la même chose. En fait, si j'avais pu, je serais partie tout de suite pour le sommet sans réfléchir et sans me poser toutes ces questions sur l'ascension, sans avoir à attendre, tout simplement sans penser à la mort.

Le 15 mai, je rentrai donc au camp de base en hélicoptère avec l'équipe d'Alpine Ascents. Il nous fallut attendre deux heures à l'héliport, sous le soleil, avant que l'hélicoptère ne vienne nous chercher. Au-delà du coût (500 dollars) et de l'aspect non écologique d'un tel voyage, je ne regrettai pas ma décision, qui me permit d'éviter deux jours de marche en plein cagnard. Je laissai mes amis américains rejoindre leur campement tout en haut du camp de base, et rejoignis le mien, beaucoup plus bas. J'arrivai vers midi, et ce qui devait arriver arriva. Quelques heures plus tard, au dîner, alors que nous discutions des différentes agences et des sherpas, John me dit soudainement :

« Toi, t'as besoin de plus d'aide des sherpas que nous ; tu devrais donner plus de pourboire à ton sherpa. Regarde, l'autre jour, t'as laissé tomber ton descendeur en redescendant du camp 3. »

Je le regardai, sidérée par tant de mauvaise foi. Presque tous les membres de son équipe étaient mal fichus, à l'exception de Chris, et nécessitaient systématiquement la présence de sherpas, que ce soit lors de la marche d'approche ou sur la cascade de glace. Ils arrivaient à peine à toucher le camp 2, mais c'était moi qui requérais le plus d'assistance ! Je n'avais pas le choix, je me devais de lui répondre.

« Jusqu'à présent, je pense que c'est plutôt ton équipe, qui nécessite le plus d'assistance ! »

Feignant la surprise et ne s'attendant probablement pas à ce que je réplique, il répondit juste « Pardon ? »

Un lourd silence régnait dans la tente. Chris osa finalement intervenir, sachant malgré tout que John ne tiendrait pas compte de ses paroles. Chris avait déjà été exclu du groupe du fait de sa performance et sa remise en question du leadership.

« Si je peux me permettre, John, je pense qu'Orianne a raison. En toute objectivité, notre équipe a bien plus besoin d'assistance qu'elle. »

Nouveau silence dans la tente. Puis Jase changea rapidement de sujet.

Après le départ de John, je passai malgré tout un agréable moment avec Jase, Saoud et Chris. Heureusement, ils étaient là.

Le lendemain matin, alors que je cherchais désespérément une connexion Internet, je me rendis à l'antenne de communication, en plein milieu du camp. John était là, en pleine conversation avec les États-Unis. Je m'assis relativement loin de lui, puis vérifiai mes courriels. Un peu plus tard, Saoud me rejoignit. C'était la grande occupation ici : chercher une connexion Internet ! Grâce à son ingéniosité et à son attitude persuasive, Saoud était parvenu à récupérer la plupart des mots de passe au camp de base, m'en donnant discrètement un de temps en temps, mais en vain. J'avais réussi, de mon côté, à faire venir le spécialiste des communications dans notre tente mess pour réparer notre connexion, mais rien n'y fit. Se rapprocher de l'antenne Internet restait encore le moyen le plus efficace d'avoir une connexion. Soudain, j'entendis John, toujours au téléphone, parler d'une « femme » dans son groupe.

« T'as entendu, Saoud, ce que John vient de dire ?

— Oui, il semble qu'il parle de toi.

— Je n'arrive pas à le croire : "Cette femme est le maillon faible du groupe, elle a perdu son huit en descendant du camp 3 ; l'équipe est forte, sauf elle."

— Oui, c'est ce que j'ai entendu aussi... Oublie, laisse-le parler, fais ton chemin. »

En descendant vers le campement, je rencontrai Jase et lui répétai ce que je venais d'entendre. Comme à son habitude, il essaya de me réconforter, et pressentant probablement de futures tensions, il me dit que j'avais peut-être mal compris, que certains mots ont des significations différentes selon le contexte.

L'heure du déjeuner arriva enfin. Tout le monde était dans la tente mess, à l'exception de Saoud, qui devait sûrement se douter de la suite. Les conversations portaient toujours sur tout et sur rien. Après environ quinze minutes, sentant le moment propice, j'engageai la conversation avec John, qui était alors de l'autre côté de la tente, une distance minimale que je décidai de maintenir pendant le reste de l'expédition :

« Comment vas-tu, John ? Comment te sens-tu ? Mieux ? »

Surpris par cet intérêt soudain, il répondit :

« Oui, je vais très bien. Merci. Je suis bien acclimaté maintenant, reposé, je me sens en pleine forme.

— Et ton équipe, est-ce qu'elle se sent bien aussi ? Est-elle plus forte maintenant ? Au fait, tu t'es trompé tout à l'heure, ce n'est pas un huit que j'ai lâché en descendant du camp 3, mais un ATC guide. »

Grand silence. Personne dans la tente n'osait parler. John resta sans réaction et ne me regardait même pas.

Je sentais mon cœur battre à toute allure et ne pouvais le contrôler. Il y avait trop d'émotions en moi. Malgré tout, je devais aller jusqu'au bout. Ne pas vivre à genoux ! Comme me le dira si bien Saoud lorsque je lui raconterai brièvement l'épisode : « Oui, aucune négociation maintenant ! » Pour un fils de diplomate qui s'adressait à une ancienne diplomate, le point de non-retour avait été atteint, en effet. Je déclarais la guerre !

« Dis-moi, John, tu n'as rien d'autre à faire que de me dévaloriser et saboter mon image quand tu appelles les US ? »

Il ne réagit toujours pas. Il continua simplement à m'ignorer, avec son attitude condescendante habituelle.

« Et comme tu es courageux ! Tu regardes droit dans les yeux, tu engages la conversation… Je vais te dire ce que je pense de toi. Tu es non seulement une personne suffisante et arrogante, mais en plus, tu es dangereux. Quelle idiotie de dire aux membres de ton équipe qui s'apprêtent à gravir l'Everest et le Lhotse qu'un casque ne sert à rien ! J'ai vraiment pitié pour eux, je n'aimerais pas être à leur place. »

Chris vint à mon secours, une fois de plus.

« John, je pense qu'une réévaluation de ta part est nécessaire. »

Et Jase, comme pour souligner la chose, au cas où personne ne s'en serait rendu compte :

« Eh bien, il y a de la tension dans l'air !

— En effet. Quelqu'un ici a un gros problème avec les femmes. »

Lorsqu'on se met en colère à 5 400 mètres, surtout avant de se lancer pour son premier 8000, on est dans un état de sensibilité exacerbée et de grande nervosité. Là-haut, toute contrariété, toute émotion, est amplifiée par les effets de l'altitude.

Afin de me calmer, Jase me proposa gentiment d'écouter le livre audio de Robert Thurman, *Le Livre tibétain de la vie et de la mort*, dont nous avions discuté la veille. Robert Thurman est un moine bouddhiste, père de l'actrice Uma Thurman, et enseigne à l'université de Columbia, où j'étais également chercheuse invitée. J'acceptai volontiers. Méditer sur la mort ne pouvait que m'aider à relativiser la petitesse d'esprit de la nature humaine. John en était le parfait exemple. Je plaçai les écouteurs sur mes oreilles et plongeai rapidement dans les paroles de Thurman. Comment ne pas être plus dans le concret qu'à cet instant même, après avoir été attaquée et rabaissée ? La compassion et l'amour étaient au centre du discours. Non pas que je les ressentisse à ce moment-là, loin de là, mais cela me faisait du bien de méditer dessus. Malgré tous mes efforts, je fus néanmoins incapable d'envoyer la moindre onde de compassion au crétin qui se trouvait en face de moi.

Les propos de Thurman m'avaient quelque peu calmée. Alors que je retirais mes écouteurs, John se décida à réagir :

« Orianne, concernant ce qui s'est passé, nous pouvons en parler. Je pense que tu as mal compris le sens de ma phrase quand j'étais au téléphone.

— Mal compris ? Mais c'était pourtant très clair. Ne prétends pas être quelqu'un que tu n'es pas. »

Et puis les larmes se mirent à couler sur mon visage. Je ne fis rien pour les arrêter, c'en était trop pour moi.

« Je trouve pitoyable de te comporter ainsi, de me rabaisser, surtout la seule femme du groupe, comme si c'était facile pour moi. Je n'ai jamais rien prétendu, je ne me suis jamais vantée d'être une bonne grimpeuse, j'essaie juste de faire de mon mieux. Oui, j'ai perdu mon descendeur, et alors ? Cela peut arriver à n'importe qui, même aux meilleurs grimpeurs. Oui, j'ai peur, oui, c'est difficile pour moi, et alors ? Je n'ai pas besoin de leçons de ta part, et c'est à moi de décider quel pourboire je veux donner à mon guide », ajoutai-je.

John ne daigna pas me répondre, encore moins présenter des excuses, alors je sortis de la tente. J'appris plus tard qu'il avait dit : « Voilà pourquoi je ne sors plus avec des Méditerranéennes ! » Je ne me sens pas une âme de féministe, mais certains comportements conduisent nécessairement à le devenir. Quoi qu'il en soit, je ne m'attendais pas à trouver de telles attitudes dans un cadre aussi merveilleux que l'Everest, à plus de 5 000 mètres d'altitude, où l'on vient en quête de beauté, à la recherche de quelque chose qui nous dépasse.

Dans notre société individualiste, en mal de visions et d'idéaux communs, où seule compte la performance, ce narcissisme exacerbé se développe malheureusement de plus en plus, notamment avec l'influence croissante des médias et des réseaux sociaux, et de plus en plus de personnes en souffrent. En réalité, cette psychopathologie ne fait que refléter les changements de notre monde moderne, qui produit des narcissiques à placer aux plus hauts postes. Si beaucoup de ces personnalités dominantes sont déjà tombées de leur piédestal, ce comportement toxique demeure très répandu. Je pensais que l'expédition m'épargnerait tout cela. J'ai eu tort. Nous sommes tellement loin de l'altruisme et de la simplicité de quelques-uns des plus grands himalayistes, comme sir Edmund Hillary, qui manqua même de se faire photographier au sommet de l'Everest par son compagnon Norgay. À la fin de sa vie, cet homme humble et désintéressé déclarait : « Je voudrais qu'on se souvienne de moi pour avoir aidé les Sherpas. »

Après le dîner, je restai avec Pasang, Saoud, Chris et Jase. Je passai une bonne soirée à rire avec eux. Sentant cependant ma détresse intérieure, Pasang, qui avait été témoin d'une partie de l'altercation avec John, me dit d'être forte, forte pour moi-même. Il sait pertinemment que le mental joue un rôle majeur dans ce type de périple et qu'il faut être fort pour atteindre le sommet et en redescendre. J'offris à chacun un morceau du cordon béni par le Dalaï-Lama, que Tsering, de l'armée indienne, m'avait donné. Saoud, bien que moins ouvert aux divinités du bouddhisme tibétain et à leur protection, n'ayant d'ailleurs pas participé à la *puja*, accepta également le cordon.

Les femmes et l'alpinisme, une longue lutte

Le lendemain, je décidai de me balader dans le camp pour prendre l'air et fuir l'ambiance morose de mon campement. Après une courte pause à l'antenne, je passai devant le campement de Satori, l'agence via laquelle Élisabeth Revol passait pour assurer sa logistique. Je me renseignai sur sa présence. Un Népalais me montra sa tente, elle était là.

« Bonjour Élisabeth.

— Orianne, bonjour ! Comment vas-tu ?

— Ça va… disons que ça pourrait aller mieux… c'est un peu tendu dans mon équipe, l'ambiance est vraiment désastreuse.

— Allons au mess, tu vas me raconter. »

Une fois dans la tente, Élisabeth m'offrit un thé que j'acceptai avec plaisir

« C'est sympa de se voir.

— Oui ! Au fait, je suis rentrée hier du Lhotse. Je me suis arrêtée à 100 mètres du sommet.

— Une centaine de mètres ? Mais pourquoi s'arrêter si près ?

— J'ai déjà atteint le sommet il y a deux ans, et mon but ici, c'est vraiment de m'acclimater pour l'Everest.

— Ça me fait bizarre de savoir que tu t'es arrêtée juste 100 mètres avant… Au fait, as-tu remarqué les cordes fixes dans la dernière partie ?

— Oui, ils étaient en train de les poser.

— Oh super, on va pouvoir partir très bientôt.

— Alors, qu'est-ce qui se passe dans ton équipe ? »

Nous parlâmes ainsi un long moment. Cela me fit beaucoup de bien.

Tout en lui parlant, je pensai inévitablement à toutes ces femmes qui ont lutté pour être respectées en tant qu'alpinistes. Il est regrettable de constater que le monde de la haute montagne, et notamment de l'himalayisme, reste aujourd'hui l'apanage des hommes, les « conquérantes de l'inutile » étant toujours minoritaires. Il existe encore des tabous profondément ancrés à l'égard des femmes. Élisabeth en sait quelque chose puisqu'elle fit l'objet de critiques virulentes à son retour du Nanga Parbat, notamment de la part des médias, qui considèrent certainement que les femmes comme elle « violent » leur rôle de genre par rapport à la prise de risque.

Pendant longtemps, la haute montagne fut considérée comme le territoire exclusif des hommes, et l'alpinisme comme leur domaine de prédilection. Dans ce monde très viril, les hommes avaient là une occasion de montrer leurs qualités héroïques, chevaleresques, telles que le courage, la puissance, le dépassement de soi, l'engagement et la prise de risque. Une femme qui se rendait en montagne ne pouvait assurément pas faire face aux difficultés ; en témoignent les gravures des XVIIIe et XIXe siècles, où le « sexe faible » est représenté en train de tomber plus souvent que les hommes. Certaines croyances suggéraient même qu'une carrière d'alpiniste provoquait l'infertilité ! Il a fallu le courage de quelques femmes pour briser ce tabou et ouvrir les portes du monde de l'alpinisme à la gent féminine.

Si Marie Paradis, jeune servante de Chamonix, devint la première femme à atteindre le sommet du mont Blanc en 1811, « tirée, traînée, portée » par les guides, ce fut Henriette d'Angeville, deuxième femme au sommet en 1838, qui marqua véritablement le début de l'alpinisme féminin. Celle que l'on surnomme « la fiancée du mont Blanc » bouleversa les codes et l'image traditionnelle de la femme en haute montagne, cassant les préjugés et théories machistes. Son ascension, sans l'aide d'hommes, si ce n'est pour lui montrer l'itinéraire, fut néanmoins dépréciée par la presse.

Ainsi était écrit dans *Le Journal de Genève* : « Venant à sa rencontre, le syndic des guides lui adressa un compliment pour le moins ambigu : Sans doute Mademoiselle, vous avez eu un grand mérite à aller au mont Blanc, mais il faut convenir que le mont Blanc en aura bien moins maintenant que les dames y montent[29]. » Et que dire des propos de l'alpiniste anglais Albert Frederick Mummery, qui, lorsque la Britannique Lucy Walker, en 1871, devint la première femme, en jupe flanelle, à atteindre le sommet du Cervin (six ans après le Britannique Edward Whymper), déclara que tous les sommets étaient condamnés à passer par trois phases : « Un pic inaccessible ; la plus difficile escalade des Alpes ; une course facile pour dame[30]. »

À l'exception de quelques figures légendaires, telles qu'Alice Damesme, Micheline Morin ou l'Américaine Miriam O'Brien, la présence de femmes dans le paysage ultra-masculin de la haute montagne était presque inconcevable avant la Seconde Guerre mondiale. Dans les années 1950, cependant, les choses commencèrent à bouger. Des femmes, comme la Française Claude Kogan, devenue « la femme la plus haute du monde » après avoir atteint une altitude record de 7 700 mètres en 1955, firent leur apparition sous le regard hostile de ces messieurs. Redoutable alpiniste, Claude Kogan, petit bout de femme d'à peine un mètre cinquante, réalisa de beaux sommets non seulement dans les Alpes, mais aussi dans les Andes péruviennes avec la première

29 *Journal de Genève*, 29 mars 1920.
30 Albert Frederick Mummery, *Mes escalades dans les Alpes et le Caucase* (Lucien Laveur Éditeur, 1903).

ascension du Salcantay (6 271 m), et dans l'Himalaya indien avec l'ascension du Nun (7 135 m). À ce titre, Kogan bénéficia d'une large couverture médiatique, comme en témoignent les reportages du magazine *Elle*. Cependant, face au machisme ambiant de l'époque et aux refus répétés de ses demandes de participation à des expéditions, Kogan mit sur pied en 1959 une expédition entièrement féminine pour l'ascension du Cho Oyu (8 188 m)[31]. Sans surprise, cette expédition, la première du genre, ne bénéficia d'aucun financement public, l'alpinisme étant avant tout une affaire d'hommes. Lucien Devies, président de la Fédération française de montagne et principal organisateur des expéditions françaises en Himalaya et dans les Andes, avait déclaré : « Si elles réussissent, cela confirmera mon impression que le Cho Oyu est une montagne à vaches. » Claude a malheureusement été emportée par une avalanche sur ce même Cho Oyu.

Les années 1980 marquent un tournant dans l'histoire de l'alpinisme. La haute montagne se féminise. Catherine Destivelle, surnommée la « roc star » ou la « fiancée des Drus », révolutionne le monde de l'escalade alors qu'à vingt ans seulement, elle a déjà parcouru les voies les plus difficiles des Alpes. Après quelques années de compétition, en 1991, elle ouvre une nouvelle voie sur la face ouest des Drus, puis enchaîne en hivernal et en solitaire les trois grandes faces nord des Grandes Jorasses, du Cervin et de l'Eiger. Jouant le jeu de l'image médiatique, elle concéda la mise en scène stéréotypée de sa féminité dans ses films, comme avec

31 Voir à ce sujet le film de Micheline Rambaud *Voyage sans retour* (1959) et son livre éponyme (Éditions du Mont-Blanc, 2021).

son sponsor Beal, qui lui offrit une corde rose fluo assortie à son short et son justaucorps. Dans une interview, elle déclara : « Me déguiser en actrice grimpeuse devant un public, je l'ai fait, mais ce n'est pas pour moi. »

Surmontant les préjugés sexistes et prouvant que la question du risque en haute montagne n'est pas le privilège des hommes, la Japonaise Junko Tabei, surnommée « Madame Everest », devint la première femme et aussi la première mère à fouler le toit du monde en 1975. L'Écossaise Alison Hargreaves, la première femme – ou deuxième femme, après la Néo-Zélandaise Lydia Bradey[32] – à gravir l'Everest seule et sans oxygène, fit également l'objet d'une vive controverse en 1995, à la suite de sa disparition lors d'une violente tempête sur les pentes du K2. Alors mère de deux jeunes enfants[33], elle fut perçue par les médias britanniques comme une mère indigne qui abandonna ses enfants pour gravir les montagnes. Presque au même moment, Paul Nunn et Geoff Tier, deux alpinistes de renom et aussi pères de famille – comme Messner, Lafaille et bien d'autres –, sont tués dans une chute de séracs aux alentours du K2. Personne ne se demanda si un père avait le droit de risquer sa vie de cette façon ! L'alpiniste néo-zélandaise Pat Deavoll, qui effectua ses premières ascensions dans les massifs de l'Himalaya et du Karakoram, parfois en solo, dénonce ce double standard appliqué aux alpinistes : « Parler de la mort est assez tabou et il y a peu de femmes qui font de l'escalade. Si une femme alpiniste

32 Des doutes subsistent concernant l'ascension de Bradey.

33 Son fils, Tom Ballard, lui aussi grand alpiniste, disparaîtra vingt-quatre ans plus tard au Nanga Parbat.

meurt, elle est punie pour avoir laissé des enfants derrière elle, alors que si un homme est tué, ce n'est pas la même chose. Je n'ai pas d'enfants, donc c'est plus facile pour moi[34]. » En fait, la littérature de montagne, surtout écrite par des hommes, ne parle guère de paternité.

Cette méthode rappelle étrangement la dénonciation dont Lydia Bradey fut l'objet en 1988, lorsque son exploit, en tant que première Néo-Zélandaise et première femme, de gravir l'Everest sans oxygène fut immédiatement contesté par ses propres coéquipiers masculins. Vengeance présumée d'un amant rejeté, Rob Hall ? Au moment des faits, et alors qu'elle était considérée comme une menteuse par le monde entier, elle choisit le silence comme meilleure réponse aux accusations. Aujourd'hui guide de montagne, avec six ascensions de l'Everest au total, elle raconte son histoire dans un livre[35].

Vingt ans après les hommes, plusieurs femmes tentèrent de gravir les quatorze sommets de plus de 8 000 mètres : la Basque Edurne Pasaban, l'Autrichienne Gerlinde Kaltenbrunner, l'Italienne Nives Meroi et la Polonaise Wanda Rutkiewicz. Dans cette compétition des plus médiatisées, où la Sud-Coréenne Oh Eun-sun entra subrepticement dans la course et n'hésita pas à utiliser des stratégies jugées malhonnêtes par certains, Edurne Pasaban devint officiellement, en 2010, la première femme à gravir les quatorze 8000, tandis que Gerlinde Kaltenbrunner réalisa deux ans plus tard le même exploit, sans oxygène, ni porteurs.

---

34 Voir Pat Deavoll, *Wind from a Distant Summit* (Potton & Burton, 2011).
35 Lydia Bradey, *On ne m'a pas volé l'Everest* (Guérin, 2020).

Chacune de ces femmes contribua à une plus grande équité dans ce monde masculin de l'alpinisme. Cependant, une femme qui progresse seule en montagne, de manière indépendante, génère encore aujourd'hui méfiance et jalousie, et il y a encore beaucoup de chemin à parcourir avant que les femmes soient considérées comme des « alpinistes » à part entière, sans distinction aucune. Comme dit Catherine Destivelle, j'espère aussi que « bientôt, on ne parlera plus de femme ou d'homme à propos des alpinistes ! »

Les dernières heures

Les jours défilèrent doucement, l'attente était longue. Une nuit, nous entendîmes le bruit d'une avalanche. Celle-ci s'arrêta non loin de notre campement. Un spécialiste du National Geographic confirma plus tard qu'elle avait partiellement enveloppé notre campement dans un nuage de neige. Non seulement je trouvais cette attente pénible, mais elle était aussi dangereuse ! Je m'efforçai de lutter contre mon angoisse et contre la léthargie propre à ces ambiances de camps d'altitude. Loin de vous rendre athlétique, l'himalayisme vous rend au contraire flasque et paresseux. Et moins vous en faites, moins vous avez envie d'en faire !

Si les cordes fixes étaient déjà placées au sommet du Lhotse, ce qui en soi était un soulagement, il fallut néanmoins attendre le bon créneau météo, c'est-à-dire des vents inférieurs à 40 km/h et des précipitations nulles ou peu importantes. J'essayai de collecter des informations à droite et à gauche – Alpine Ascents, Élisabeth, l'armée indienne, etc. En allant boire le thé avec les Indiens, ils me confièrent qu'ils prévoyaient deux groupes, l'un le 22 et l'autre le 23. Sage décision, me dis-je, ils ne mettent pas tous leurs « soldats » dans le même panier! Provenant de l'armée indienne, habituée à travailler dans des conditions extrêmes aux frontières du Pakistan et de la Chine, leurs prévisions météorologiques me semblaient relativement fiables. Je transmis alors l'information à notre chef d'équipe, Anil, qui, de son côté, la vérifia auprès de grandes expéditions, comme Himalayan Experience du célèbre guide néo-zélandais Russell Brice. Pour ma part, je voulais être au sommet du Lhotse le 22 mai, non seulement parce que la météo était supposée clémente ce jour-là, mais aussi parce que je pouvais éviter la présence de John qui voulait atteindre le sommet le 23 ou le 24. Le danger, à mon sens, provenait plus de cet homme que de la montagne elle-même! En plus de son attitude méprisante, qui pouvait fragiliser toute personne, cet homme représentait un réel danger, comme le montrait notamment sa gestion de la sécurité de l'équipe. Chris, qui commençait à être très malade, me suivit dans mon choix, ne voulant pas non plus être en présence de « son leader » pendant l'ascension.

La veille du départ, prévu le 19 mai, je décidai de me rendre à Gorakshep, non pas pour escalader le Kala Pattar cette fois, mais pour appeler mes proches. Ces derniers firent comme si tout était normal, essayant de cacher du mieux qu'ils pouvaient leur inquiétude. Sur le chemin du retour au camp de base, je rencontrai Jase, qui faisait quelques tests avec sa nouvelle GoPro. La mienne, elle aussi toute neuve, ne me fut pas très utile; malgré des tests répétés avec l'aide de Saoud, elle ne cessa de faire ce qui lui plaisait!

« Hé ! Orianne !

— Hé ! Jase, comment vas-tu ?

— Je vais bien. Je vais à Gorakshep pour faire comme tout le monde, Internet ! Alors, prête à partir demain ?

— Oui, je pense. Je ne sais pas vraiment à vrai dire, mais une chose est sûre, je ne supporte plus d'être ici, attendre, ne rien faire…

— Oui, moi aussi, je suis fatigué d'être ici, je tourne un peu en rond, je pense que je vais bouger un peu pendant que vous êtes là-haut. J'irai probablement marcher jusqu'à Gokyo.

— Oui, tu devrais, c'est très beau, ça vaut le coup. Ne reste pas au camp, c'est trop déprimant !

— Oui, je suis d'accord.

— Et tu reviendrais ?

— Oui, bien sûr, je veux être là quand tu reviens du Lhotse !

— Merci, Jase, c'est gentil. La vérité, c'est que je ne me sens pas très sereine, j'appréhende beaucoup.

— C'est normal, ne t'inquiète pas, tout ira bien.

— Merci, Jase. Je te retrouve tout à l'heure au camp ! »

Plus tard, après le dîner, j'éclatai en sanglots en pensant à mes proches. Comme lorsque je m'étais retrouvée sur le lit d'hôpital en Inde, une grande tristesse m'envahit. L'idée que je ne reverrais peut-être pas ma famille m'était insupportable. Jase me prit dans ses bras. Puis nous prîmes une photo de groupe, Saoud, Jase, Chris et moi, pour immortaliser ce moment avant le sommet !

CHAPITRE 5

L'ASCENSION FINALE

Mourir, c'est simplement s'éveiller d'un rêve.
Yoga Vasishtha

L'impermanence est un principe d'harmonie. Quand nous ne luttons pas contre elle, nous sommes en harmonie avec la réalité.
Pema Chödron

Baraka ou mauvais œil ?

Le jour J arriva enfin. Nous étions le 19 mai, jour de pleine lune. Le départ était prévu à 3 heures du matin. Me réveillant un peu plus tôt que les autres, j'arrivai donc la première à la tente mess et je me préparai tranquillement. Plus tard, Saoud me rejoignit, mais Chris était toujours absent. Un des assistants cuisiniers se porta volontaire pour aller vérifier que tout allait bien. Chris avait tout simplement oublié de se réveiller ! Cela m'arrangeait, car je n'étais pas tout à fait prête et souhaitais encore envoyer quelques messages à mes proches. L'avantage, à cette heure matinale, était qu'Internet fonctionnait.

Dhurba, seul sherpa encore présent au campement, nous laissa partir devant. Il était déjà 4 heures du matin. Chris, qui semblait connaître le chemin par cœur, passa en tête, suivi par Saoud, puis moi. Avec le clair de lune, nul besoin d'allumer sa frontale – sauf dans les passages les plus sombres, où Saoud éclairait le chemin. Longeant les blocs de glace, je faisais extrêmement attention à ne pas marcher sur les flaques d'eau gelée, celles-ci pouvant se rompre à tout moment. Nous arrivâmes enfin au point de cramponnage. Je me sentais confiante, j'étais déterminée à aller jusqu'au bout. Je mis mes crampons, m'assurant, comme d'habitude, que les sangles étaient suffisamment serrées. Entre-temps, Dhurba nous avait rejoints et nous commençâmes à grimper ensemble. Cette fois, la voie était libre, il n'y avait presque personne. Au vu du créneau météo, la grande majorité des grimpeurs se trouvaient déjà dans les camps supérieurs. Il y avait quelque chose de rassurant à passer par ce chemin déjà emprunté, et en même temps, traverser cet immense champ de glace qui pouvait s'effondrer à tout moment m'effrayait.

Saoud, ayant quelques problèmes digestifs, marchait loin derrière nous. Le pauvre, me dis-je, avoir la tourista sur la cascade de glace n'était assurément pas chose commode. De mon côté, je n'étais pas malade, j'avais juste une forte envie d'aller aux toilettes. Mon corps se souvenait probablement de mon expérience à 50 mètres du sommet de l'Himlung (7 126 m) où, pour répondre à un besoin urgent, je dus me déshabiller presque entièrement. Inconsciemment, je devais sûrement anticiper, il était tout simplement impensable que je fasse la même chose à 8 000 mètres!

Chris et moi, n'ayant pas le même rythme que Saoud, décidâmes d'avancer, et de le laisser aux bons soins de Dhurba. En cas de problème, j'avais mon téléphone satellite.

Je me sentais beaucoup plus à l'aise que la première fois sur la cascade de glace, que ce soit pour le passage des échelles, le maniement du jumar, mon rythme de marche ; je me sentais également plus en sécurité, même si nous n'avions pas de guide à nos côtés. Je savais dans tous les cas qu'il y aurait toujours des sherpas, disposés à nous prêter main-forte si besoin. Lors de certains passages plus délicats, nous dûmes attendre que les grimpeurs devant nous les franchissent. Nous n'avions pas le choix, nous devions être patients. Dans cet environnement complexe et volatil, une avalanche éclata non loin de nous, dévalant directement sur la cascade. Mieux valait ne pas nous attarder ici.

Arrivant au camp 1, j'accélérai le pas et je dépassai Chris. Celui-ci n'eut pas grand peine à comprendre la raison de mon élan soudain. Je cherchai désespérément nos magnifiques toilettes de glace, espérant les trouver encore debout. Enfin en vue, je marchai d'un pas rapide et déterminé dans leur direction. Arrivée à destination, j'enlevai à toute allure mon pantalon, et sans prendre garde, cassai le petit mur de glace qui constituait la seule et unique barrière contre d'éventuels regards. Pas de chance, au même moment, des grimpeurs s'approchaient du camp. Tant pis, à la guerre comme à la guerre ! Ils verraient probablement un bout de mon postérieur, mais cela n'avait aucune importance. J'étais juste en train de perdre toute trace de féminité !

Chris finit par me rejoindre, et nous nous assîmes à côté de nos anciennes tentes. Il n'était pas en forme et toussait beaucoup. C'était bien sa chance de tomber malade avant l'ascension finale ! Alors que j'étais en train de me mettre de la crème solaire, un homme d'origine russe ou ukrainienne vint nous voir.

« Salut, est-ce que tu pourrais, s'il te plaît, me prêter un peu de ta crème si tu en as assez, j'ai fini la mienne.

— Bonjour. Oui, bien sûr. Tu reviens de l'Everest ?

— Non, j'ai tenté le Lhotse, mais j'ai dû abandonner, j'ai des gelures aux doigts. »

Il retira ses gants et me montra ses doigts marron-bleu.

« Que s'est-il passé exactement ?

— Lors de l'ascension finale, j'ai dû enlever mes gants pour changer les piles de ma frontale qui s'étaient totalement vidées à cause du froid. Cela a duré une minute peut-être, et c'est à ce moment-là, que mes doigts ont gelé. J'ai dû rebrousser chemin et abandonner le sommet.

— Je suis vraiment désolée pour toi. Tu as bien fait de ne pas aller plus haut.

— Oui. Ce n'est pas grave, je monterai au Lhotse l'année prochaine ! »

Quelle motivation, me dis-je, pour envisager de repartir l'année suivante ! Je me demandai alors si j'aurais le courage, et surtout l'envie, de revivre ce calvaire, car il faut le dire, c'était un véritable parcours du combattant : l'attente interminable, les dangers, le froid couplé au manque d'oxygène, les conflits, etc. Sans parler du coût financier d'une telle expédition, entre 15 000 et 30 000 dollars, uniquement pour le Lhotse.

« Bonne chance pour la suite, et félicitations, t'es allé au bout de ce qui était possible pour toi. »

Son récit me laissa perplexe. Attraper des gelures en seulement une minute ? Même si j'avais du mal à y croire, cela ne me rassura guère. Je me disais cependant que ses gelures ne devaient pas être très graves, car il n'avait pas été évacué par hélicoptère. Dhurba, entre-temps, nous rejoignit. Il était peu bavard, presque absent. Ne le connaissant que très peu, je n'insistai pas pour engager la conversation. Au bout d'une trentaine de minutes, nous repartîmes. Le soleil tapait fort. La traversée du camp 1 au camp 2, pourtant relativement simple et assez plate, ne se fit pas sans mal. Si la montée au camp 1 me sembla plus facile que la première fois, ce ne fut pas le cas pour la traversée vers le camp 2. La chaleur était accablante, et nous nous traînâmes littéralement jusqu'au camp 2. Heureusement, cette fois, je n'eus pas à traverser tout le camp pour retrouver nos tentes ! Je me calai en chemin sur le rythme de deux porteurs népalais, m'arrêtant avec eux pour de courtes pauses, au cours desquelles nous écoutions un peu de musique. Nul besoin de parler, nul besoin d'échanger, tout était là, dans l'instant. Je vis Chris devant moi, au loin, qui marchait aussi avec difficulté. Ayant manqué le campement, il arriva finalement après moi.

Au camp 2, nous retrouvâmes les autres Américains, dont John, qui, une fois de plus, était parti seul, au risque de mobiliser tous nos sherpas au cas où il devrait être secouru. Les sherpas, quant à eux, étaient encore en haut, au-dessus du camp 3, afin de déposer les bouteilles d'oxygène. Dans le campement, je constatai comme un relâchement. Le cuisinier ne prit même pas la peine de nous offrir à manger et à boire, et les toilettes étaient extrêmement sales. Nous sentions la fin de l'expédition. De toute façon, je n'avais pas faim. J'étais juste fatiguée. Dans la tente mess, où étaient également entreposées des bouteilles d'oxygène, je récupérai mon matériel, notamment mon matelas et ma combinaison, puis j'allai me reposer dans ma tente.

Plus tard, Dhurba et Saoud arrivèrent enfin. Saoud m'apprit qu'il avait été pris dans l'avalanche que nous avions vue quelques heures auparavant.

« J'ai eu très peur, tu sais, j'ai vraiment cru que c'était la fin. Il y avait un Japonais avec moi. Quand nous avons vu l'avalanche arriver, nous nous sommes regardés, puis j'ai serré aussi fort que possible mon mousqueton de sécurité, je me suis penché et me suis recouvert de mon sac.

— Et comment avez-vous réussi à vous en sortir ?

— L'avalanche est venue droit sur nous, mais heureusement, une sorte de grande crevasse a créé une barrière et a réduit l'impact. J'ai passé du temps sous la neige, mais je m'en suis sorti.

— Et le Japonais ?

— Il s'en est sorti indemne aussi. Et nous avons pleuré toutes les larmes de notre corps pendant au moins quinze minutes ! Puis, sans un mot, je l'ai vu courir vers le camp 1, et j'ai continué moi aussi. »

Au vu de cette heureuse issue, je ne pus m'empêcher de rire intérieurement ; Saoud, sur le ton de la plaisanterie, du moins je l'espère, m'avait dit que je portais la poisse, car un des Brésiliens, quelques dizaines de mètres derrière moi, était tombé dans une crevasse. Des reliquats, je suppose, de sa culture. Mais, manifestement, Saoud aurait eu plus de baraka s'il était resté à mes côtés ! Superstition ou pas, certains grimpeurs semblent particulièrement attirer la malchance. Je pense notamment à l'alpiniste britannique Joe Simpson, rendu célèbre par son récit *La Mort suspendue*. La vie de Joe Simpson fut jalonnée des accidents les plus inimaginables : morsures de cobra, chutes diverses et variées, avalanches, etc. Bref, le genre de personne qu'on évite d'avoir à ses côtés, surtout en expédition !

La chute de Mauro dans une crevasse, l'évacuation de l'assistant cuisinier Ram, la pneumonie de Rodrigo et l'avalanche de Saoud... ça commençait à faire beaucoup. Plus tard, un hélicoptère se posa juste à côté de notre campement. « Qu'est-ce qui se passe encore ? » me demandai-je. Si au moins on venait nous livrer des pizzas ou des sushis ! Un des Népalais sauta de l'hélicoptère et, me voyant sortir de la tente mess, se dirigea spontanément vers moi :

« Est-ce ici l'évacuation ?

— Pardon ? De quelle évacuation parlez-vous ? Vous devez faire erreur.

— Il y a une personne malade ici, n'est-ce pas ?

— Je ne pense pas. À ma connaissance, tout le monde va relativement bien. Un membre de notre expédition a été pris dans une avalanche ce matin, mais il est OK, rien de cassé. »

Soudain, je vis Graham s'approcher. J'appris alors qu'il avait appelé le service spécialisé dans le mal des montagnes aux États-Unis, qui lui avait diagnostiqué un début d'œdème pulmonaire. Graham fut évacué d'urgence vers l'hôpital de Lukla. Lui qui voulait grimper le Lhotse sans oxygène termina donc son expédition au camp 2, sans même avoir touché une seule fois le camp 3.

Par ailleurs, les sherpas étaient presque tous malades, y compris le mien, et prenaient des antibiotiques. Je dus ainsi me résigner à décaler mon ascension, initialement prévue le 22 mai, et passer une nuit supplémentaire au camp 2. Ce qui me contraria, car cela signifiait pour moi une nuit de plus sans sommeil, et surtout me retrouver aux côtés de John. J'essayai cependant de voir le bon côté des choses, en me disant qu'au moins, je pourrai reposer mes jambes douloureuses. Comme prévu, la nuit ne fut pas des plus agréables. Le froid, les tensions musculaires, la toux des uns et des autres et l'appréhension à l'idée de monter à 8 000 mètres, surtout en présence de John, ne facilitèrent pas mon sommeil... Je réussis tout de même à fermer les yeux pendant deux ou trois heures.

Le matin, on nous servit un petit déjeuner à base de haricots secs, ainsi qu'une infâme bouillie que nous fûmes incapables d'identifier et encore moins d'avaler. Des céréales avec un peu de lait en poudre firent finalement l'affaire. Aujourd'hui, le programme se résumait à du repos et au test du masque à oxygène. Donc, pas grand-chose. Je restai dans ma tente la plupart du temps. Je mis mes jambes en l'air pour les détendre, tout en répétant les affirmations positives qu'une amie m'avait envoyées pour renforcer le pouvoir du « je suis ». Très souvent, nous utilisons ce pouvoir contre nous-mêmes. Nous ne réalisons pas à quel point cela affecte notre présent et notre avenir. En fait, nous avons le pouvoir de choisir les mots qui suivent le « je suis » afin de transformer nos pensées : « Je suis forte ; je suis en parfaite santé ; je suis motivée pour atteindre mes objectifs ; je fais partie de l'univers ; je suis unique ; je suis pleine d'énergie ; je suis abondance, je suis prospère ; je suis calme et sereine ; je suis confiante ; je suis capable de choses extraordinaires ; je suis la créatrice de ma vie ; je suis reconnaissante pour tout ce que j'ai ; je suis au sommet. » Il m'est difficile de dire si cela fonctionna, mais après tous les obstacles rencontrés sur mon chemin, ces affirmations ne furent pas de trop ! Je regardai ensuite la vidéo de ma petite-nièce de quatre ans, Éléonore, dans laquelle elle me souhaitait une bonne ascension. Une injection d'amour qui me réconforta et m'insuffla de la force. C'était infiniment mieux que les interminables vidéos que je regardais sur le téléphone de mon sherpa pendant l'ascension de l'Himlung et qui montraient la jeune Prix Nobel de la paix Malala ou Muniba Mazari, la Pakistanaise abandonnée par son mari après un terrible accident de voiture. Aussi extraordinaires et courageuses soient ces femmes, regarder de telles vidéos n'avait rien de bien réjouissant.

La journée s'écoula rapidement malgré tout. En fin de matinée, je pris un bain de pieds dans une bassine d'eau salée. On dit qu'avoir les pieds propres prévient les gelures ; en tout cas, ça ne pouvait pas me faire de mal. Bien que John parlât fort au téléphone, dérangeant ceux qui souhaitaient se reposer, je réussis à faire une sieste dans l'après-midi grâce à mes petites boules magiques, les boules Quies ! Avec les sherpas, nous vérifiâmes ensuite les masques à oxygène, enchaînant avec une brève réunion sur le déroulement de l'ascension. Nous n'avions pas besoin de piolet, nous pouvions le laisser au camp. Plus tard, je préparai ma combinaison, y rangeai les gels, piles et autres choses nécessaires et, surtout, mes objets personnels : photos, cordon béni du Dalaï-Lama, riz béni par le lama à Pangboche, et bien sûr, la *khata* donnée par ce dernier, la plus précieuse à mes yeux. Envahie de khatas, ma tente s'était d'ailleurs transformée en un véritable petit temple : *khata* de Pangboche, *khata* du monastère de Namche, *khata* de Thame, *khata* du camp de base. En France, ma mère avait aussi allumé des cierges, des intentions avaient été adressées à un maître bön, et des amis priaient pour moi. Avec tout cela, je ne pouvais qu'être prête !

Sans surprise, la nuit, une fois de plus, fut très courte ; je dormis à peine deux heures. J'avais froid malgré la combinaison que j'avais glissée dans mon sac de couchage comme une sorte de couverture. Je ne serais définitivement pas une bonne candidate pour les ascensions hivernales ! Le froid a néanmoins un grand avantage, faire fuir les insectes, en particulier les punaises ! Pour dire vrai, entre un – 20 °C et les punaises, je choisis sans hésiter le – 20 ! Les punaises m'adorent, et mon corps constitue un répulsif efficace pour ceux qui m'entourent. En 2011, lors de ma traversée des Pyrénées (GR10), une file de punaises s'était littéralement formée dans le refuge où je passais la nuit, et bien sûr, elles se dirigeaient droit dans ma direction. Les autres randonneurs, que je finis par réveiller pour les alerter du danger, s'étaient levés pour observer ce curieux phénomène. Les punaises m'avaient prise pour cible exclusive! Le pire a été la traversée de la Corse (GR20), en 2008, où ces bestioles me dévorèrent de la tête aux pieds. Avec une centaine de piqûres, notamment au bas-ventre, les nuits furent très courtes; pour éviter d'autres piqûres, et aussi me soulager par le froid, je passai la plupart des nuits dehors à errer ou bien couchée sur une table ou un banc. Devant l'impossibilité de me reposer et la multiplication des piqûres, je dus finalement accélérer le rythme et doubler les étapes. Je terminai ainsi le trek avec une tendinite au genou qui m'empêchait de le plier, chose des plus inconfortables pour un sentier escarpé comme le GR20, considéré comme le plus dur d'Europe. J'admire sincèrement les adeptes du jaïnisme, une religion en Inde qui met l'accent sur l'ahimsa, ou la non-violence; pour ne pas tuer d'êtres vivants, y compris la plus petite des bêtes tel un moustique, les jaïns placent des filets autour de leur tête. Je me vois malheureusement incapable d'une telle bonté vis-à-vis des punaises ou autres petites bêtes, comme les sangsues – que je connus bien dans d'autres circonstances, spécialement au Sikkim.

De tente en tente, de sherpa en sherpa…

Au matin, je me préparai et j'enfilai ma grosse combinaison en duvet. Je ressemblais alors au bonhomme Michelin… ou à une cosmonaute. Enfin, rien de très gracieux. Pour la Parisienne que je suis, j'étais aux antipodes de la mode française. Mais bon, en pensant aux femmes des siècles passés, je me dis que je n'avais pas de raison de me plaindre. Pour se conformer aux codes vestimentaires de l'époque, ces pauvres femmes devaient s'accoutrer des tenues les plus folkloriques et des plus inconfortables. La Piémontaise Félicité Carrel, qui voulait devenir la première femme à escalader la voie italienne du Cervin, dut faire demi-tour de peur que le vent, s'engouffrant sous sa crinoline, ne la fasse s'envoler ! Certaines femmes qui s'aventuraient en montagne portaient un pantalon caché sous leur longue jupe. Elles ne quittaient leur jupe qu'une fois arrivées assez haut, et la remettaient à la descente ! Mais il arrivait parfois que la jupe, cachée sous une pierre ou autre, soit introuvable, le plus souvent emportée par le vent. Ainsi, l'aristocrate anglaise Elizabeth Burnaby-Main-Le Blond, incapable de récupérer sa jupe, demanda à son guide d'aller chercher une tenue appropriée à son hôtel. Il lui rapporta une robe de soirée ! Elle dut rentrer en catimini à son hôtel afin que personne ne puisse la voir.

Au cours de mes recherches en Inde, dans le cadre de ma thèse, je fus moi-même l'objet de remontrances sur ma tenue vestimentaire de la part de certains hommes. L'un des exemples les plus illustratifs fut en 2007, à Allahabad, lors du pèlerinage hindou de la Kumbha Mela, le plus grand pèlerinage au monde rassemblant des millions de pèlerins pour quelques jours seulement. Au milieu de la nuit, en plein mois de janvier, avec des températures avoisinant 0 °C, et alors que j'allais rejoindre la communauté des fidèles de Ma Anandamayi pour le grand bain, je fus simplement rejetée par le chef de la *sangha* (communauté) car je portais un pantalon et non un sari. Finalement, grâce à l'intervention d'autres fidèles, je pus rejoindre la procession. Nous sommes loin de l'alpinisme, mais cette exclusion des femmes à cause de leur tenue vestimentaire reste d'actualité dans certains milieux traditionnels encore dominés par les hommes, notamment sur le sous-continent indien.

Par ailleurs, je ne portai pas de soutien-gorge durant la quasi-totalité de l'expédition. Il m'était pénible de l'enlever chaque soir et le remettre chaque matin dans le froid. Peut-être avais-je tort. Et si le bout de mes seins gelait là-haut ?

Dans mon sac, je glissai mes quatre paires de gants, dont deux paires d'énormes mitaines, spéciales 8 000 mètres. Ce choix fit l'objet de toute une réflexion pour identifier la meilleure façon de manipuler le jumar. Telle une guerrière, ou une athlète olympique, je plaçai aussi deux grandes bandes de K-Tape sur mon visage pour le protéger du froid et des attaques du soleil. Cela avait fonctionné pour l'Himlung, cela devrait aussi marcher ici !

Nous partîmes tardivement, ce qui permit d'éviter la foule et les longues files d'attente sur la face du Lhotse. Comme à son habitude, Bishal me dit qu'il me rejoindrait plus tard, et John était parti seul au beau milieu de la nuit, sans casque bien sûr. Saoud et Pasang partirent bien après nous, et je me retrouvai seule avec Chris, qui était de plus en plus malade. Je me demandai s'il serait capable de continuer ainsi. Il toussait comme un fou.

Sur le chemin, je rencontrai un jeune pompier français. Les Français étaient rares sur la route de l'Everest. Seuls quatre Français étaient présents au camp de base, dont Élisabeth et moi.

« Ah, une Française !

— T'es français aussi ! D'où viens-tu ?

— De Granville, en Normandie. Tu connais ?

— Oui, bien sûr, c'est à côté du Mont-Saint-Michel.

— Toi aussi, tu grimpes l'Everest ?

— Non, le Lhotse ! Mais mon équipe est une catastrophe, je ne me sens pas très rassurée. Nous avons eu tellement de problèmes depuis le début : chutes, avalanches, pneumonie, œdème, et j'en passe. L'ambiance aussi n'est pas bonne, et je ne fais plus confiance en mon sherpa, il n'est jamais là quand j'ai besoin de lui, et n'est pas toujours très sympa avec moi. Il semble qu'il ait d'autres objectifs et ambitions, il préfère certainement escalader l'Everest.

— Ah, ma pauvre, t'as pas de chance. Mon équipe, elle, est japonaise, ils sont tous très sympas. Je suis juste un peu fatigué de la nourriture japonaise ! Mon sherpa est bien aussi. Tu aurais dû venir avec moi ! »

Nous continuâmes à discuter un long moment – nous n'avions pas beaucoup parlé français ces dernières semaines –, puis nous poursuivîmes notre route. Chris peinait à avancer. Je finis par le dépasser. Rester trop longtemps sur la face du Lhotse augmente les risques d'être touché par une pierre. Dès que j'arrivai au camp 3, je retrouvai mes amis de l'armée indienne qui m'offrirent gentiment de l'eau et une pomme. Après cette courte pause, je remontai le camp et j'aperçus enfin nos tentes. John était présent. Il n'avait pas bu depuis le matin, n'ayant pas pris d'eau avec lui, et il n'y avait pas de réchaud.

Je déballai mes affaires dans l'une des tentes, jetant tout à terre, puis partis à la recherche d'eau et de nourriture. Alors que j'errais dans le camp, je retrouvai un des anciens sherpas de l'expédition, Angelu. Il m'accueillit à bras ouverts, me donnant non seulement à boire, mais aussi à manger. L'abondance ! Angelu était initialement le sherpa de Morgan, mais face à l'incapacité de ce dernier à grimper, et persuadé qu'il n'obtiendrait pas sa prime, il rejoignit une autre expédition pour guider une riche Chinoise. Cette attitude fut critiquée par les autres sherpas au sein de notre équipe, car on n'abandonne pas son client, même si ses chances de succès sont très faibles. En temps normal, je n'aurais pas approuvé ce comportement de déserteur, mais compte tenu de l'équipe désastreuse que nous avions, son opportunisme se justifiait, et il avait eu raison de partir ! Et d'un point de vue tout à fait égoïste, ses fautes furent rachetées par son attitude généreuse à mon égard. Au cours de mon errance, je rencontrai également un Belge, Damien François, qui en était à sa cinquième tentative sur l'Everest. Je lui racontai alors mes mésaventures pour ce premier 8000, concluant que je n'étais pas au bout de mes peines.

Me sentant à mon aise dans ce campement, l'idée d'y rester la nuit me traversa l'esprit, car après tout, je n'avais pas de matelas, pas de sac de couchage, pas d'eau, pas de nourriture, rien en somme. D'ailleurs, que faisait donc mon sherpa ? En parlant avec Damien, j'entendis une voix féminine : « Mais ça parle français là-bas ! » Je reconnus Élisabeth. Elle nous rejoignit et nous continuâmes tous les trois la discussion, principalement autour de son sauvetage du Nanga Parbat. Un moment bien agréable. Élisabeth me proposa que nous retournions ensemble à Lukla, j'acceptai avec plaisir.

Je finis par retourner dans mon campement pour vérifier si Chris et mon sherpa étaient bien arrivés. Je trouvai alors Chris en train de tousser dans une des tentes et lui donnai de l'eau. Oh miracle, Pasang et Saoud étaient aussi là ! À ma grande satisfaction, Pasang m'attribua une tente pour moi seule. Malheureusement, je me rendis compte plus tard que c'était en réalité une bien mauvaise idée. Cette tente, qui appartenait en fait à une autre expédition, se situait de l'autre côté de la corde fixe, ce qui signifiait que je devais à chaque fois mettre mes crampons pour rejoindre mon campement en face, car la moindre chute ici, la moindre glissade pouvaient me conduire tout droit en bas de la face du Lhotse. De plus, il n'est pas recommandé de dormir seul à ces hauteurs, non seulement à cause du froid, mais aussi parce qu'un œdème peut survenir très rapidement. À ce sujet, Marion Poitevin, guide du Groupe militaire de haute montagne, évoque sa première ascension dans l'Himalaya où ses collègues mâles, pensant probablement bien faire, l'avaient laissée seule dans sa tente sans tenir compte des risques possibles de mal des montagnes.

Plus tard, d'autres sherpas de notre équipe arrivèrent avec un réchaud et un grand sac de neige à faire fondre. Pasang, après m'avoir aidée à mettre mes affaires dans ma tente, m'annonça que Bishal ne pouvait pas me rejoindre car il était malade.

« Comment ? Non, c'est une blague ? Maintenant, vingt-quatre heures avant le sommet ? »

Tout s'effondra soudainement. Je me sentais terriblement mal. Je me sentais trahie. J'avais réussi à traverser la cascade de glace et avais atteint le camp 3 toute seule, mais je ne pouvais pas aller plus loin. Cela serait trop dangereux. J'avais atteint mes limites.

« Oui, mais ne t'inquiète pas, tu auras un autre sherpa, tu auras Pemba Sherpa, c'est le meilleur de tous. Il a déjà escaladé l'Everest et le Lhotse plusieurs fois. Il ne parle juste pas beaucoup l'anglais. »

Bien sûr, « c'est le meilleur de tous ». Il n'allait pas me dire le contraire! Je ne me souvenais même pas qui était Pemba…

Soudain, une petite voix intérieure me convainquit que la situation était en fait la meilleure qui soit. Après tout, Bishal n'avait jamais vraiment voulu escalader le Lhotse. Seul l'Everest comptait pour lui.

« Eh bien OK, je n'ai pas trop le choix de toute manière. »

Plus tard, j'allai faire un petit tour et je retrouvai mon ami français, Thierry. Il me montra de loin le Cho Oyu, qu'il avait déjà escaladé. La vue était magnifique, c'était magique. Malgré l'appréhension de l'ascension, je me sentais chanceuse d'être ici.

Un Canadien que j'avais vu à Namche se trouvait également ici. Il nous entendit et entama la conversation en français. Au fil de la discussion, je lui dis :

« J'ai failli m'installer au Canada, j'y suis restée quatre ans, j'avais la résidence permanente, mais je suis finalement repartie.

— Mais pourquoi ? » me demanda-t-il.

J'aurais pu lui répondre qu'il fait trop froid chez eux. Mais, au vu de la situation, perchée à 7 200 mètres, avec quelques degrés en dessous de zéro, sans parler de ce qui m'attendait les prochaines heures, ma réponse aurait paru des plus incohérentes… « Je supporte pas le froid dans ton pays, mais je m'en vais grimper un 8000 dans quelques heures », pas de problème !

Le soleil tombait peu à peu sous l'horizon. En retournant à la tente, je vis le jeune pompier, Thom, me faire de grands signes avec ses bras. Il avait de la charcuterie ! C'était tentant, même si en temps normal, je n'aime pas particulièrement ça. Ici, les habitudes disparaissent, les goûts changent, et tout est permis ! Comme je ne voulais pas remettre mes crampons, Thom eut la délicatesse de venir jusqu'à ma tente. Nous restâmes un moment à bavarder devant ma tente, autour de quelques tranches de jambon cru et de saucisson. Thom me raconta un peu son histoire. Passionné par les montagnes, ce n'était pas la première fois qu'il venait au Népal, et il avait déjà grimpé l'Ama Dablam. Alors qu'il regardait avec ses amis le film *L'Ascension*, l'histoire d'un Algérien de la banlieue défavorisée de Paris qui décide de gravir l'Everest, il se lança également un défi, et en deux ans seulement, il réussit à réunir les fonds nécessaires pour son aventure.

Comme le froid se faisait plus intense, et qu'il faisait presque nuit, je remerciai mon bienfaiteur pour les mets de luxe, puis pris congé. Je me faufilai dans ma tente et me préparai pour une nuit glaciale. Sans surprise aucune, je ne fermai pas l'œil de la nuit. J'avais très froid et mon masque à oxygène, qui n'était pas le masque que j'avais initialement choisi au camp 2, ne semblait pas fonctionner. En déplaçant mes affaires dans la tente, Pasang avait certainement pris un autre masque que le mien par inadvertance. J'essayai différents débits, mais en vain. Que ce soit 0,5 – le débit le plus faible, recommandé pour dormir –, ou 3, aucun d'eux ne fonctionnait. Avec mon expérience en plongée, je n'étais pourtant pas une novice en la matière. Je me sentis alors profondément seule, totalement abandonnée, et mon désir de grimper s'évanouit presque. Tout cela m'importait peu finalement. Les dernières semaines m'avaient « lessivée » à tous points de vue, et je me sentais vraiment à bout. Je n'avais même plus peur et ne me posais plus la question de savoir ce que je faisais ici. Je ne regrettais rien. J'étais juste écœurée par cette expédition : un psychopathe à mes côtés, un sherpa qui me lâche au dernier moment, des accidents à répétition… À quoi tout cela rimait-il ? Ce n'était pourtant pas le moment de craquer, si près du but, il fallait que je me ressaisisse, il fallait que je continue.

Une conspiration contre moi ?

Malgré mon état végétatif au matin, je réussis à faire chauffer un peu d'eau. Heureusement, j'avais des dosettes de boissons à base de céréales pour me sustenter un peu. Pemba vint me rendre visite pour savoir comment la nuit s'était déroulée. « Salut Didi, comment vas-tu ? » Euh… c'est-à-dire… Que lui répondre ? Les mots me manquaient pour décrire l'état pitoyable dans lequel je me trouvais. J'essayai de lui expliquer dans un anglais très simple que je n'avais pas dormi de la nuit et que je n'avais pas eu d'oxygène. Il vérifia et confirma que la bouteille était vide ! Je n'arrivai pas à y croire. L'univers avait-il lancé une conspiration contre moi en plaçant le maximum d'obstacles sur mon chemin ? Qu'est-ce qui n'allait pas avec cette équipe ? Qu'est-ce qui n'allait pas chez moi ? Je me sentais extrêmement tendue et anxieuse. Le moindre de mes mouvements devenait maladroit, au point de me brûler avec le réchaud et me faire mal en attachant mes crampons. Il fallait absolument que je me calme pour éviter un quelconque accident ; je devais à tout prix contrôler mon stress. Je sortis alors de la tente et dis à Pasang qu'il n'y avait pas d'oxygène dans ma bouteille et que je voulais aussi récupérer mon masque. Il m'en redonna un autre, qui n'était d'ailleurs toujours pas le mien. C'était le troisième masque que j'essayais.

Pour changer, nous partîmes tardivement. Nous étions presque les derniers à quitter le camp. Pemba semblait particulièrement motivé pour m'emmener au sommet. C'était une aubaine pour lui, car son client américain, Graham, avec qui il devait initialement escalader le Lhotse, s'était retiré de la course. Nous marchâmes d'un pas régulier et rattrapâmes rapidement les autres grimpeurs. Zombies en vue ! Des dizaines et des dizaines se suivant à la queue leu leu, marchant à deux à l'heure… Après mon expérience haïtienne et mes cérémonies vaudou, je n'imaginais pas en trouver dans ces lointaines contrées himalayennes. Avec une seule corde fixe, il serait difficile de les dépasser. Nous nous résignâmes donc à attendre, ce qui me convint très bien, car après trois nuits sans quasiment dormir, je traînais un peu les pieds. En voyant Pasang marcher devant sans oxygène, je me demandai si je ne devrais pas faire comme lui, car je respirais bien mieux sans le masque – je n'arrêtais pas de l'enlever, il me gênait terriblement, me coupant la respiration plus qu'autre chose. Saoud, au contraire, semblait avoir retrouvé la vie depuis qu'il avait de l'oxygène.

Du camp 3 au camp 4, les principales difficultés étaient liées au passage de la section de roche friable que l'on nomme la « bande jaune ». Alors que nous attendions notre tour pour la traverser, j'assistai à une sorte d'altercation. Un des grimpeurs perdait tout simplement la tête et ne cessait de crier. Il était probablement tombé, car il y avait un gros trou à l'arrière de sa combinaison ; il perdait littéralement ses plumes ! Je ne savais pas pour quelles raisons il criait, mais à haute altitude, il n'est pas rare de voir les gens changer soudainement de comportement, révélant ainsi leur vraie nature. À 7 000 ou 8 000 mètres, avec en prime le froid et le manque de sommeil, on sait rapidement à qui on a affaire, et on ne peut plus prétendre être quelqu'un d'autre. Si quelqu'un se montre charmant en bas, il peut devenir un petit démon en haute altitude car sa vraie personnalité ressort. Si, par nature, on est une personne agréable et joyeuse, on reste au contraire le même là-haut parce que c'est ce que l'on est fondamentalement. C'est la beauté de l'himalayisme, apprendre à connaître la nature humaine et surtout à se connaître soi-même. J'avais déjà observé ce phénomène lorsque j'étais déléguée au Comité international de la Croix-Rouge ; c'est lorsqu'ils se trouvent en situation de crise que les gens montrent leur vrai visage.

Pemba me rejoignit à la fin des sections rocheuses, et nous nous reposâmes un peu. Le camp 4 n'était pas loin, je pouvais l'apercevoir. En chemin, je rencontrai le premier groupe de l'armée indienne de retour du sommet de l'Everest. Ils me saluèrent tous, notamment les deux femmes indiennes, et me souhaitèrent bonne chance. Nous atteignîmes le camp 4 une demi-heure plus tard. Pemba semblait satisfait de mon rythme de marche, et se montrait confiant pour la suite. À côté de notre camp, je pouvais voir des grimpeurs continuer vers le col Sud, connu pour être extrêmement venteux. C'était moins le cas pour notre camp, qui était relativement protégé.

Situé à 7 850 mètres, le camp 4 est de loin le camp le plus inconfortable de l'itinéraire. Il se situe en effet aux limites de la « zone de mort », expression de Reinhold Messner, empruntée à Edouard Wyss-Dunant, qui désigne la zone au-dessus de 8 000 mètres, altitude à laquelle volent les avions de ligne et où l'on respire trois fois moins d'oxygène qu'au niveau de la mer.

Au camp, il régnait comme une odeur de mort... Non sans un certain malaise, je remarquai en effet la présence d'un cadavre non loin. Il s'agissait d'un Bulgare mort d'épuisement après avoir atteint le sommet du Lhotse. Sa tente avait été démontée, mais son corps était toujours là. Son visage était couvert, mais on pouvait voir un bout de son ventre, qui avait probablement viré au brun avec la forte exposition au soleil. Je me dis alors que ma tente aussi avait peut-être abrité un cadavre. Je chassai immédiatement cette pensée en me concentrant sur des choses positives, même si je dois admettre que dormir à côté d'un cadavre n'était pas très réjouissant. L'agence nous avait prévenus, mais nous avait assuré qu'ils avaient placé les tentes loin du corps en question... Nos conceptions de la distance ne sont définitivement pas les mêmes ! Ce pauvre Bulgare s'était endormi et ne s'était malheureusement jamais réveillé. La zone de mort ne pardonne pas. Pouvoir grimper sans oxygène à une telle altitude n'est pas donné à tout le monde. Savoir détecter la limite, le point de non-retour, est loin d'être évident. J'espérais au moins qu'il n'avait pas souffert, qu'il avait évité la « sale mort », celle qui fait mal.

Pour certains himalayistes, comme Chantal Mauduit, grimper sans oxygène était devenu une éthique. Peu avant sa mort dans une avalanche, à l'âge de trente-quatre ans, elle déclarait dans une interview : « C'est aussi une chance quand on grimpe sans oxygène, on est un petit peu sur une autre planète et au niveau émotionnel, c'est vraiment très fort, et quand on grimpe avec oxygène, je pense que l'on doit manquer ces moments très forts, très intenses, que ça soit au niveau visuel ou auditif, on a tous les sens qui sont exacerbés, ce sont vraiment des moments privilégiés. Rien que pour ça, je pense que ça vaut le coup de grimper sans oxygène[36]. » Dans ses carnets, elle mentionne aussi le « gang des masqués » et le « clan des nonos[37] ». Pour elle, grimper avec de l'oxygène, c'est comme « faire le Tour de France à mobylette[38] ! »

John, parti tôt hier soir, était déjà arrivé au camp, et sa tente était malheureusement à côté de la mienne. J'aurais préféré le cadavre à la place… au moins, il était inoffensif ! Heureusement, John finit par s'installer dans une autre tente, un peu plus bas.

36 https://fresques.ina.fr/montagnes/fiche-media/Montag00122/portrait-de-l-alpiniste-chantal-mauduit.html
37 Alexandre Duyck, *Chantal Mauduit. Elle grimpait sur les nuages* (Guérin, 2016).
38 Catherine Reverzy, *Femmes d'aventure.* Du rêve à la réalisation de soi (Odile Jacob, 2001).

Nous aurions peut-être dû changer de tente aussi, car la nôtre avait un énorme trou qui laissait passer de l'air. Pemba fit fondre la neige pendant que je me préparai à faire une sieste. Non pas que j'espérais reprendre des forces, car à cette altitude, c'est chose impossible, mais plutôt pour ne pas en perdre davantage. Personne ne récupère à ces hauteurs. Nous mourons très lentement. Nos cellules cérébrales et notre corps se détériorent à chaque instant.

Soudain, alors que je venais de placer mon masque sur mon visage et que je m'apprêtais à fermer les yeux, j'entendis un bruit étrange. Il provenait de l'extrémité du tube reliant le masque à la bouteille d'oxygène. Pemba et moi nous regardâmes. Aucun de nous n'osait parler, nous avions compris tous les deux. Pemba vérifia finalement l'embout. Celui-ci était bel et bien cassé. Un seul problème ne suffisait pas, il fallait que ça continue. C'était la loi de Murphy, la loi des emmerdements maximum ! Le mauvais sort s'était bel et bien abattu sur cette expédition, et sur moi ! Pour ceux qui chercheraient à échapper aux problèmes insolubles de leur vie en allant au sommet, réfléchissez bien avant car ils réapparaissent, sous une forme ou une autre.

J'essayai de me calmer, et comme un enfant qui a commis une faute, je commençai tout d'abord par clarifier la situation avec Pemba, comme si cela allait changer quelque chose : « Je n'ai rien cassé du tout, Pemba, et ce n'est même pas mon masque ! » Puis, alors que la panique s'installait, je demandai quel était le plan maintenant. Pour lui, c'était la fin, il n'y avait plus rien à faire. « La fin », « plus rien à faire » ? Non, ce n'était pas possible, me disais-je, si près du but, à quelques heures seulement du sommet, je ne pouvais pas abandonner à cause d'un simple petit embout ! J'avais l'étrange impression d'être au beau milieu d'un film. J'étais à la fois l'actrice principale, victime d'une machination, et en même temps, la spectatrice. Était-ce un film d'horreur ? Une comédie ? Devais-je rire, pleurer, crier ? Sur le moment, ce que je vivais ressemblait plus à un film d'horreur. En tout cas, le scénario était excellent, très bien ficelé, on s'y serait cru ! À moins que je ne sois en plein rêve ? C'était alors un cauchemar. Je me sentais totalement perdue et impuissante.

J'essayai dans un premier temps de me ressaisir et poussai mon sherpa à trouver une solution. Peut-être qu'un autre grimpeur dans ce petit camp avait un masque supplémentaire ? Ou l'équipe du camp 2 pouvait peut-être nous en apporter un ? Le drone de Bishal, par exemple, pourrait peut-être s'en charger ? Je pourrais aussi rester une nuit supplémentaire en attendant. Peut-être que quelqu'un redescendant de l'Everest pourrait me prêter son masque ? Ou pourrais-je en récupérer un moi-même directement au col Sud ? Après tout, ce n'était pas si loin… Toutes les idées, même les plus folles, me vinrent à l'esprit. Me battre avec John à coups de crampon pour prendre son masque ? Lui qui aimait tant les vidéos morbides, il apprécierait certainement. Il allait d'ailleurs se réjouir de la nouvelle. Autre idée, récupérer le masque du Bulgare ? Mais alors, il ne serait pas mort d'épuisement s'il en avait eu un… Oh ! Là, ça n'allait plus du tout, je ne réfléchissais déjà plus bien, mes cellules nerveuses avaient probablement déjà commencé leur processus de détérioration, mon cerveau manquait d'oxygène. Je pensai alors au film *Les Survivants*, où des joueurs de rugby, après le crash de leur avion en plein milieu des Andes, durent manger la chair de leurs amis morts pour survivre. Heureusement, je n'en étais pas encore là, j'avais juste besoin d'un masque. Sinon, pourrais-je atteindre le sommet sans oxygène ? Après tout, je n'avais pas souffert du mal des montagnes jusque-là. Je pensai alors à la tête que ferait mon neurochirurgien s'il m'entendait ! Mais l'image du pauvre Bulgare me rattrapa et me convainc que ce n'était pas une bonne idée, d'autant plus que je n'avais même pas effectué l'acclimatation appropriée ; il aurait en effet fallu que je dorme au camp 3 lors de la rotation.

Le sherpa de John, Anup, un instructeur de haute montagne, informé de la situation, débarqua dans la tente. « Ne panique pas », me dit-il aussitôt. Je le remerciai pour son précieux conseil, qui, bien sûr, ne fit qu'accroître mon état de stress. En fait, je paniquais totalement. J'entendais « mon saboteur », cette voix qui me disait ironiquement : « Tu as bien grimpé, bravo ! Maintenant, il est temps de redescendre ; tu t'es battue contre cet imbécile prétentieux et misogyne de John, félicitations, maintenant tu peux admettre ta défaite ; tu as bien combattu, tu as été courageuse, mais le temps de la capitulation est venu ! » Comment faire face à l'inacceptable ? Comment rendre ce qui m'avait été donné ? J'étais au milieu d'une épopée biblique, quand Abraham est forcé de rendre son fils à Dieu : « Tu as mis un fils au monde, bien, rends-le moi ! » Bien sûr, renoncer au sommet n'a foncièrement rien de dramatique, et ne peut en aucun cas être comparable à la vie de son enfant, mais sur le moment, ce qui m'arrivait était tout simplement de l'ordre de l'insoutenable. L'histoire de Job, en ce sens, illustre parfaitement l'idée de renoncer à ce qui nous a été donné. S'adressant à Dieu, lui demandant pendant des jours et des jours la raison de son malheur soudain malgré sa foi et sa dévotion profondes : « Je m'adresserai à Toi, mon Dieu, jusqu'à ce que Tu m'expliques la raison qui me ferait accepter l'inacceptable, j'attends de Toi une réponse qui me convainque. » Job demanda à nouveau : « Pourquoi ne peux-Tu pas donner raison à l'homme contre Toi-même ? » Mais Dieu ne répondit pas et ne vint toujours pas malgré les demandes répétées de Job.

Face à ce qui m'arrivait, que je considérais à tous égards comme une injustice, voire une punition, quelque chose d'étrange m'arriva soudainement. J'étais assise là, au beau milieu de ma catastrophe, plongeant littéralement dedans, ne cherchant même plus à y échapper, je regardais, j'observais, comme si cette situation m'était extérieure. À ce moment, j'entendis ma petite voix intérieure m'assurer que tout allait pour le mieux, que tout était parfait. Je me sentis tout à coup plus calme, plus apaisée. Une sorte de lâcher-prise s'installa, ma perspective devenait différente. Je ne voyais plus le sommet comme une fin en soi. Cela n'avait pas d'importance après tout, ce n'était pas le but.

Peut-être deux heures plus tard, Pemba, qui s'était absenté, revint à la tente. *Deus ex machina* ! Lui et Anup avaient trouvé un Népalais de passage prêt à me prêter son masque pour la modique somme de 100 dollars. J'acceptai bien sûr le marché. Même à 500 ou 1 000 dollars, j'aurais dit oui. S'approcher du but et devoir abandonner est une terrible épreuve. L'on doit faire le deuil de l'image de soi au sommet, sachant que l'on s'est nécessairement projeté et visualisé tout en haut depuis des mois, voire des années pour certains. Quelle leçon la vie ne venait-elle pas de me donner ! Je me sentis comme Job, le jour où il finit par lâcher prise et renonça à expliquer l'inexplicable. À ce moment-là, tout lui fut retourné puisqu'il n'avait plus besoin de rien. Nous ne sommes pas astreints à toujours comprendre tout ce qui nous arrive, tout ce qui nous traverse. Nous pouvons aussi accepter les choses telles qu'elles sont. Lorsque nous sommes dans une impasse, dans une situation désespérée où toutes les portes nous sont fermées, où nous pensons que plus rien n'est possible, nous finissons par lâcher prise à un moment ou à un autre. C'est alors que l'inconnu surgit de nulle part et que les coïncidences les plus invraisemblables et les plus farfelues se produisent avec une logique qui leur est propre.

Moi qui voulais me reposer, après presque trois nuits sans sommeil, je ne pus fermer l'œil de l'après-midi après ce qui venait de se passer. Malgré la fatigue, je me sentais soulagée et reconnaissante. J'étais consciente du privilège que j'avais de pouvoir poursuivre l'ascension, même si cela devait passer par toutes ces épreuves. Cet épisode intervint comme pour me rappeler que rien n'est acquis, que tout se mérite et qu'il faut avoir confiance. L'ascension du sommet, quelle qu'en soit l'issue, reste un cadeau. Et après tout, le chemin n'est-il pas plus important que le sommet ? N'est-ce pas ce qu'enseigne tout pèlerinage ? Je remerciai intérieurement la vie.

Comme l'a si bien dit Jacques Chirac, « les emmerdes, ça vole toujours en escadrille ». Je confirme qu'un problème n'arrive jamais seul, et dans la famille Catastrophes, j'appelle le feu ! Alors que Pemba tentait désespérément de faire fonctionner le réchaud, une énorme flamme jaillit soudainement dans la tente, occupant tout l'espace avant. Dans ma tête, je vis alors les dernières secondes de ma vie, les derniers moments. Une fois de plus, l'impensable était en train de se produire. Quelle mort stupide en plus, au beau milieu de l'Himalaya, dans un froid glacial. Une crevasse, j'aurais accepté, une avalanche aussi, une tempête oui, ou encore une chute, mais pas un feu à près de 8 000 mètres ! J'allais mourir carbonisée. Vu la propagation rapide des flammes, je n'eus même pas le temps d'envisager une sortie éclair par l'arrière de la tente. Et quand bien même j'aurais eu mon couteau suisse à portée de main pour déchirer la tente et me sauver, allez donc ouvrir la lame du couteau avec de grosses moufles ! Je n'avais qu'une idée en tête, éteindre cette flamme. Tout se déroula si vite. C'est comme un feu qui se propage sur un bateau ou dans un avion, c'est terrible, on est bloqué, on ne peut pas s'enfuir. Finalement, par des mouvements divers et variés pour étouffer le feu, celui-ci s'éteignit et la flamme disparut.

J'étais encore sous le choc. Je me sentais paralysée. Je commençai à avoir de sérieux doutes quant à cette ascension. Qu'allait-il m'arriver d'autre en haut ? En quelques heures, le masque à oxygène s'était cassé et je manquais de périr carbonisée, sans parler de mon sherpa qui m'avait abandonnée vingt-quatre heures avant le sommet. Quelle leçon devais-je tirer de tout cela ? Quel message m'envoyait-on ? Me fallait-il renoncer et redescendre ? Rarement dans ma vie, avais-je ressenti une telle vulnérabilité face à mon environnement, face aux éléments. Tout me semblait si fragile, l'existence, la vie.

Il faut dire que les accidents de gaz, aussi stupides soient-ils, ne sont pas si rares. Il arrive que des alpinistes périssent dans leur tente, carbonisés ou intoxiqués après s'être endormis en ayant laissé du gaz s'échapper. Quoi qu'il en soit, j'eus l'impression de remonter au Moyen Âge, et d'avoir été soumise à une ordalie. Cette forme de procès à caractère religieux consistait à soumettre un suspect à une épreuve, douloureuse et potentiellement fatale, dont l'issue, théoriquement déterminée par Dieu lui-même, permettait de conclure à sa culpabilité ou non. Dans cette ordalie des temps modernes, point besoin de feu, un réchaud, un peu de gaz et quelques allumettes suffisaient. Je ne savais pas de quoi on m'accusait ici, mais heureusement, je survivais à cette épreuve et prouvais mon innocence.

Après l'épisode du feu, Pemba essaya une nouvelle fois d'allumer le réchaud, cette fois-ci à l'extérieur de la tente. Étrangement, il ne semblait pas particulièrement perturbé par ce qui venait de se passer. Il était certainement irrité par le mauvais fonctionnement du réchaud, mais pas nécessairement choqué par le fait que nous avions failli périr il y a quelques minutes, comme si cela n'avait pas d'importance. « *Ke garne ?* », que faire ? Ils ne pensent définitivement pas comme nous ! Comme je l'avais déjà vu dans d'autres contextes, notamment en Inde où les idées de réincarnation propres à l'hindouisme et au bouddhisme prévalent, je sentais, dans l'attitude de Pemba, une sorte de fatalisme et d'indifférence envers la mort, et en même temps, une sorte d'acceptation des choses telles qu'elles sont – « Si la mort doit venir, c'est qu'elle devait venir. De toute façon, je me réincarnerai. »

Malgré tous mes efforts, je ne parvins à avaler que trois cuillerées d'une pâtée sans nom, une sorte de chili con carne non épicé provenant d'un plat lyophilisé acheté en France. Quel qu'eût été le plat, je pense que tout m'aurait semblé insipide. Après deux expéditions en haute altitude, je sais désormais que les seules choses que je peux manger sont de simples biscuits et des nouilles asiatiques. Au-dessus de 7 000 mètres, il n'est pas évident de se nourrir, car l'altitude a des effets inhibiteurs sur l'appétit, provoque des nausées et rend la déglutition difficile. Le métabolisme, en particulier le système digestif, fonctionne également au ralenti. L'individu est en mode survie. D'où l'importance d'avoir des graisses à brûler. Je savais, dans tous les cas, que mon corps pouvait tenir longtemps sans être nourri. Près d'un an après mon opération au cerveau, j'avais jeûné à l'eau pendant vingt et un jours pour désintoxiquer mon organisme de tous les médicaments que j'avais pris. Après ces trois semaines sans rien manger, j'avais encore assez d'énergie le dernier jour du jeûne pour porter deux grosses valises dans le métro parisien.

Après cette longue journée, particulièrement riche en émotions, j'essayai de me reposer, car il ne me restait que quelques heures avant le départ. Je mis mon nouveau masque à oxygène, le quatrième de la série, et m'allongeai. Pendant que Pemba faisait de même, je remarquai qu'il avait laissé le réchaud allumé à ses pieds. Oh non, pas encore ! Immédiatement, je lui demandai d'éteindre le feu, je ne voulais pas m'endormir dans ces conditions. Il suffisait d'un geste de sa part, avec son pied ou autre chose, ou un de ces mauvais esprits pour que la tente flambe à nouveau. Malgré son anglais très basique, il comprit très vite. Tout en me demandant si mon sherpa était fou ou inconscient, ou les deux, je plongeai dans un état de sommeil semi-éveillé.

L'ascension finale ou la loi de Murphy

Il était minuit quand Pemba me sortit de ma torpeur. Il était grand temps de se préparer. Je l'entendis parler avec les deux autres sherpas, Tenzin et Anup. Je ne comprenais pas grand-chose, mais la question de la « *tato pani* », l'eau chaude, était au cœur de la discussion. Le réchaud fonctionnait extrêmement lentement, faisant ressortir une pauvre petite flamme bleue, à peine visible, qui luttait pour rester en vie dans cet environnement hypoxique et glacial. À ce rythme, il allait nous falloir au moins deux bonnes heures pour obtenir de l'eau. Je restai emmitouflée dans mon sac de couchage. Il faut beaucoup de patience ici ! Tenzin arriva finalement dans notre tente, suivi d'Anup. Leur réchaud ne fonctionnait pas non plus, ils venaient chercher de l'eau chez nous ! Je finis par boire un peu de café, mais impossible d'avaler quoi que ce soit. Pemba me déconseilla d'ailleurs de manger. Il était probablement habitué à ceux qui vomissent tout en chemin. Dans tous les cas, je me sentais relativement bien, aussi bien qu'on peut l'être à 8 000 mètres. Je n'avais aucune envie de vomir et aucun mal de tête. C'était déjà beaucoup. Mais j'avais mal à la gorge, et commençais à tousser fortement. Mais après tout ce qui s'était passé, je n'avais pas à me plaindre, je pouvais grimper !

J'essayai les chaufferettes dans mes chaussettes, mais c'était très inconfortable. Je les plaçais alors dans les chaussons de mes bottes, mais ce n'était guère mieux. Tout cela m'énerva vite et je finis par abandonner les chaufferettes, me remettant entièrement à la technologie de Millet. Je mis finalement la coque de protection, ce qui prit un certain temps. Ici, tout mouvement se fait au ralenti. Voyant que mes mains étaient déjà extrêmement froides et que les sangles des crampons étaient gelées, Pemba me proposa gentiment son aide pour attacher mes crampons. J'acceptai avec plaisir et le remerciai. Au moins, pensais-je, cela serait bien serré. Alors que nous sortions de la tente, je perdis l'équilibre et atterris sur la tente à côté de la nôtre. Heureusement, ses occupants avaient déjà quitté les lieux. Quel bon départ ! J'étais un peu nerveuse, je dois dire, même si, paradoxalement, je ressentais une sorte de calme en moi – ce même calme intérieur que je ressens dans des situations critiques.

Le reste de l'équipe était prêt, nous pouvions enfin partir. Il était déjà 3 heures du matin quand nous entamâmes l'ascension. Le départ était initialement prévu à 1 heure et les quelques personnes présentes au camp étaient déjà toutes en route. Nous n'allions tout de même pas changer notre habitude d'être les derniers juste pour l'ascension finale… Pemba ouvrit la voie, suivi de moi, Chris et Tenzin, et enfin John et Anup. Cette fois, nous marchions ensemble, chose rare dans cette équipe. Nous retrouver, Chris et moi, auprès de John après avoir tout fait pour le fuir était une situation assez cocasse.

Nous passâmes un peu plus haut devant l'ancien camp, qui, à en juger par ses tentes, était totalement abandonné, puis nous nous dirigeâmes petit à petit vers la droite. Livrés à nous-mêmes, ne comptant que sur nos propres ressources, nous pénétrions désormais dans un autre espace. Cette frontière que représente le seuil des 8 000 mètres venait d'être franchie. Si nous avions le moindre problème, nous ne pouvions compter sur aucune aide pour nous secourir, pas d'hélicoptère, rien. Dans cet environnement si isolé, si hostile, où toute vie est proscrite et où l'homme n'a pas sa place, le moindre incident pouvait nous coûter la vie. À aucun moment, je ne pouvais me dire « J'en ai marre, je me barre. » C'était terrifiant, et en même temps, il y avait une sorte de fascination à franchir cette frontière entre la vie et la mort, quelque chose de l'ordre du sacré, du *mysterium tremendum*. Cela conférait à la marche un caractère plus puissant, plus profond.

La montée s'intensifiait. J'avais cessé de penser, j'étais juste dans l'instant. Mon corps était déjà épuisé, c'était mon esprit qui le faisait se mouvoir. Marcher la nuit, surtout à ces hauteurs, avait quelque chose d'angoissant. Lors d'une de nos micropauses, Chris m'interpella à travers son masque, m'incitant à me retourner. Et là, il me montra, loin devant, le spectacle qui s'offrait à nous. Telle une montée aux flambeaux, des centaines de lumières brillaient sur le toit du monde. C'était magique. La Déesse Mère illuminée ! À ce moment-là, je pris également conscience que je n'aimerais pas être à la place de ces grimpeurs. L'ascension dans ces conditions était non seulement pénible mais aussi extrêmement dangereuse. La suite le confirma avec les photos de l'ascension de l'Everest et la foule du 23 mai diffusées dans le monde entier. Ceci n'est pas sans rappeler la scène que Chantal Mauduit allait découvrir au retour de son ascension du Lhotse le 10 mai 1996. Sans le savoir, en face d'elle, se déroulait l'une des pires tragédies de l'histoire de l'Everest. Huit grimpeurs disparaissaient lors de la descente du sommet, dont le Néo-Zélandais Rob Hall et l'Américain Scott Fisher. Rob Hall était resté bivouaquer au ressaut Hillary (8 800 m) pour ne pas abandonner son client, et Scott Fisher avait rabattu ses clients vers le col Sud et s'était épuisé en faisant la voiture-balai.

Plus tard, alors que nous nous déplacions sur une zone rocheuse escarpée, mon crampon gauche se détacha soudainement et fila tout droit. Je réalisai alors l'ampleur du désastre qui venait de se produire. J'étais foutue. C'était la « loi des emmerdes » qui continuait. C'était la fin. Je me retournai alors et vis Chris beaucoup plus bas, qui brandissait mon crampon. Il avait réussi à le rattraper en pleine nuit, sur une pente à 50-60 degrés ! Cela tenait véritablement du miracle.

Chris me rejoignit et me donna le crampon, que je pris soin de tenir fermement. Pemba m'aida à le remettre. Je vérifiai à nouveau, essayant de tirer un peu plus sur la sangle, et vérifiai le crampon droit par la même occasion. Tout semblait bien serré. Je remerciai Chris d'un signe de la tête, réalisant qu'il venait non seulement de sauver mon sommet, mais peut-être aussi ma vie. Je n'ose imaginer ce que la suite aurait été si j'avais dû redescendre sans crampon. Et dire que ma hantise depuis le début du périple était que mon crampon se détache !

Il est impressionnant de voir comment de minuscules détails, tels qu'une sangle mal ajustée, un petit embout ou un réchaud mal fermé, peuvent vous faire manquer un objectif de plusieurs mois, voire d'une vie, et surtout vous mettre en danger. Dans l'himalayisme, tout se joue dans les microdétails, et jusqu'au dernier moment, la situation peut basculer et devenir un véritable cauchemar, conduisant à la mort dans certains cas. Rien ne doit être négligé, des allumettes à la paire de chaussettes, en passant par les masques et les lanières de crampons. Contrairement à la vie ici-bas, tout a son importance à ces hauteurs, il n'y a pas de petites erreurs. Ici, plus que jamais, le diable est dans les détails.

Après cette nouvelle frayeur, nous poursuivîmes et traversâmes une large bande rocailleuse. Le ciel s'éclaircissait progressivement, les premières lueurs se dessinaient à l'horizon. J'attendais avec impatience que le soleil fasse son apparition pour me réchauffer un peu et ôter cette angoisse de la nuit. Nous étions loin de l'époque où les sherpas n'osaient pas se rendre aux sommets de nuit, car censés être infestés de démons. Même à Chamonix, il y a à peine deux siècles, on ne prenait pas le risque de grimper de nuit car les esprits malins régnaient sur les montagnes.

Chris finit par me dépasser, me précisant au passage que cela importait peu qui arriverait au sommet en premier. Cela n'avait effectivement aucune importance, je voulais juste y parvenir et revenir saine et sauve. Ceux qui étaient plus loin devant semblaient parfois à l'arrêt puis disparaissaient. Nous nous retrouvâmes finalement dans le fameux couloir Reiss. Je fus agréablement surprise, m'attendant à un couloir vertical, alors que la pente ne variait qu'entre 45 et 50 degrés. J'étais soulagée. Je devais néanmoins veiller aux éventuelles chutes de pierres et morceaux de glace qui dévalaient le couloir à toute vitesse.

Nous progressions principalement sur de la neige – il avait beaucoup plus neigé que les autres années. J'avais de la chance, l'ascension du Lhotse dans ces conditions était relativement plus facile. Et cette fois-ci, je n'avais aucun doute quant à la direction menant au sommet. Probablement en lien avec le manque d'oxygène, lors de mon expédition à l'Himlung, sans rien connaître des sommets de la région, et alors que nous grimpions en pleine nuit pour l'ascension finale, j'avais demandé à mon sherpa si nous étions dans la bonne direction.

Je perdis Chris de vue, ainsi que John qui était derrière. J'avançai péniblement, ne pensant qu'à une chose, mettre un pied devant l'autre. C'était éprouvant, ce couloir semblait sans fin. De plus, je ne supportais toujours pas de respirer au travers d'un masque. Je ressentais une sensation d'étouffement, l'impression d'être déconnectée de ma respiration. Je le retirais régulièrement pour inspirer l'air naturel, mais le remettais aussi vite car je ne voulais pas prendre de risques inutiles et endommager mon cerveau qui avait déjà beaucoup souffert. Et si je me souvenais bien des recommandations de mon neurochirurgien, je n'aurais même pas dû être là ! Ce serait déjà un véritable exploit personnel si je parvenais au sommet avec oxygène. On peut imaginer l'angoisse de Reinhold Messner et Peter Habeler lorsqu'ils réalisèrent la toute première ascension de l'Everest sans oxygène. Peter Habeler, quelques minutes après avoir atteint le sommet, eut vraisemblablement un accès de panique, se rappelant les prédictions médicales qui lui avaient été prodiguées sur les effets néfastes et irréversibles du manque d'oxygène sur le cerveau : « Je voulais seulement rentrer à la maison maintenant, retourner dans le monde d'où je venais, et le plus vite possible[39]. »

L'autre masque, celui pour les yeux, se remplissait rapidement de buée que je tentais d'évacuer régulièrement afin de pouvoir voir quelque chose. Je remercie d'ailleurs le propriétaire de ce magnifique masque, trouvé par hasard dans une télécabine du Brévent à Chamonix. Ce n'était probablement pas le modèle de masque le plus adapté à ce type d'aventure, mais il a très bien fait l'affaire et m'a permis d'économiser 250 euros, même si, au vu du coût total de l'expédition, c'était une bagatelle. Reste que je n'ai pas eu de gelure de la cornée, comme cela peut parfois arriver à certains grimpeurs. Lors de mon ascension de l'Himlung, j'avais rencontré trois alpinistes français qui avaient dû rebrousser chemin à 400 mètres du sommet. L'un d'eux, un médecin spécialiste de la médecine d'altitude qui avait participé à d'innombrables expéditions himalayennes pendant quarante ans, souffrait de gelures à la cornée. Comme lui, de nombreux grimpeurs étaient revenus de l'Himlung avec des gelures et de possibles amputations.

39 Peter Habeler, *Everest: Impossible Victory* (Sphere Books, 1979).

Dans l'état second dans lequel je me trouvais, j'avais l'étrange sentiment d'être totalement déconnectée de mes sens les plus élémentaires – la vue, l'odorat, le toucher, l'ouïe. Je voyais trouble, je sentais à peine mes doigts et mes pieds et, emmitouflée dans ma cagoule, je n'entendais pas grand-chose. Telle une méditation active, où l'on se coupe de ses sens, où la peur, la fatigue, la faim et la soif n'ont plus prise, j'étais comme en état de transe. Je me déplaçais extrêmement lentement, un pas après l'autre. Seul l'instant présent comptait.

À un moment donné, Pemba s'arrêta et remplaça ma bouteille d'oxygène. Il faisait si froid qu'il m'était impossible de profiter de ces quelques minutes de répit. Ici, chaque arrêt provoquait une baisse considérable de la température du corps. J'étais d'ailleurs impressionnée par Pemba, qui fit toute l'ascension avec de petits gants de laine, un mince chapeau en style léopard et une vieille combinaison datant des années 1980, sur laquelle était inscrit « École de ski de Courchevel ». Tous ces habits, bien sûr, étaient totalement inappropriés pour une telle température. Malgré son « *killer look* » et sa petite touche française, que j'appréciai, cela me faisait un peu de peine. Mais Pemba est une véritable force de la nature – c'est d'ailleurs la raison pour laquelle il avait été choisi pour accompagner Graham pour son ascension sans oxygène.

Impossible donc de se reposer, il fallait continuer, marcher toujours plus. Je ne parlais pas encore à mes orteils ou mes doigts, comme le faisait Chantal Mauduit lors de ses ascensions, mais je m'arrêtais régulièrement pour agiter vigoureusement mes mains et mes pieds, qui avaient tendance à s'engourdir rapidement avec le froid. C'était douloureux, mais cela signifiait que la circulation sanguine se réactivait. L'idée de revenir avec des extrémités bleues ou brunes, ou devoir mettre mon pied contre la poitrine de mon sherpa ne m'enthousiasmait guère. Lors de ces arrêts, Pemba me pressait cependant de marcher plus vite. Comme dans une course contre la montre, chaque minute passée là-haut était comptée. Je ne pouvais pas m'attarder dans la zone de la mort.

Je progressai ainsi jusqu'à ce que le couloir se rétrécisse, espérant voir le sommet à tout instant. La montée se poursuivait inlassablement. Deux personnes devant nous semblaient avoir le même rythme, nous nous suivions. Je finis par les dépasser, et ne les revis plus. Épuisée, je demandai à Pemba le temps restant avant d'atteindre le sommet. Il me répondit qu'on y serait dans une demi-heure. J'étais heureuse d'entendre cela et continuai à grimper vaillamment. Deux heures plus tard, cependant, je ne voyais toujours pas de sommet. J'en parlai alors à Pemba, qui me rétorqua : « Tu es trop lente ! » Il exagère ! me dis-je. Certes, j'étais loin du style « léger et rapide » du Suisse Ueli Steck, mais tout de même ! Je crois simplement que sa notion du temps était totalement distordue. Plus tard, je rencontrai un grimpeur qui redescendait et qui me dit « vous y êtes presque ». J'attendais de voir… Il restait en réalité encore environ deux autres heures avant que je n'atteigne le sommet. Une éternité ! Sans même m'en apercevoir, tellement j'étais dans mon monde, concentrée sur chacun de mes pas, je dépassai Chris. Puis, je me souvins vaguement avoir fait une très brève pause pour prendre un gel énergétique que j'eus grand peine à avaler.

Une rencontre inattendue

Le soleil était extrêmement puissant et transformait tout l'environnement en un immense champ de lumière, une lumière qui semblait aspirer tout mon être. La neige était d'une blancheur éclatante. Alors que je progressais dans cette lumière quasi aveuglante, je vis soudainement le sommet. Après plus de sept heures d'ascension, nous arrivions enfin. Une force me poussait irrésistiblement vers le haut, je ne ressentais plus la fatigue. Ne pensant plus qu'au but, j'avançais machinalement, redoublant d'efforts pour ne pas flancher. La dernière partie, entièrement rocheuse, était raide, autour des 80 degrés.

De loin, j'entrevis une silhouette assise sur un rocher, à quelques mètres du sommet. Était-ce un grimpeur faisant une pause ? Au bout d'un certain temps, cependant, je remarquai que la silhouette n'avait pas bougé d'un iota. Je compris alors qu'il s'agissait d'un homme mort. Ni Élisabeth, ni les Sherpas, qui pourtant, de par leurs croyances bouddhistes, ont une vision autre de la mort, ne m'avaient prévenue. Pourquoi ? Par crainte que je renonce au sommet du fait de la présence du cadavre ? Par superstition, par peur d'attirer la mort par le simple fait d'en parler ? Seul Anil, hindou d'origine, m'avait vaguement avertie de la « présence possible » d'un cadavre sur le chemin, mais j'étais loin d'imaginer qu'il se trouvait à seulement quelques mètres du sommet. Je continuai, même si l'idée de passer devant le corps inerte et sans vie ne me plaisait guère. On dit parfois que celui qui meurt en montagne est condamné à errer éternellement dans les hauteurs, guidant les grimpeurs lors des derniers mètres jusqu'au sommet. Que l'on croie ou non aux fantômes, certains en ont fait l'expérience. Pour ma part, point de visions ou de voix pour me guider, notre camarade défunt était bel et bien là, en chair et en os. Je m'approchai alors progressivement du corps jusqu'à être face à lui. Il était si bien conservé, si vivant !

Arrivée au Népal le jour de Mahashivaratri, le jour de la mort, le jour de Shiva, le Dieu de la destruction, tout prenait sens maintenant. Alors que je m'apprêtais à vivre l'un des moments les plus importants de ma vie, cet individu venait me rappeler l'impermanence, la nature évanescente de l'existence, m'incitant à méditer sur mon propre devenir. Paradoxalement, par sa présence dans un lieu si hostile à la vie, cet individu venait aussi me montrer la continuité de la vie dans la mort, s'en faisant quelque part le garant. Ce mort niait ouvertement la mort, il était la preuve de l'inexistence de la mort. Ce lieu où il reposait était un lieu de rencontre avec l'éternité, un espace où le temps n'avait pas d'ancrage. Le corps quasi intact de cet individu venait perpétuer sa mémoire. Dans le pays des crémations qu'est le Népal, où l'on cherche à ne rien garder des morts, à effacer toute trace de leur passage afin qu'il n'y ait pas de continuité entre le groupe et le défunt, tout ici me disait le contraire. Ainsi, loin de faire du défunt un mort sans visage et d'abolir tout souvenir de celui-ci, cette relique des glaces permettait au contraire de préserver sa mémoire et conduisait par là même à surmonter sa propre mort.

Par sa nature paradoxale et ambiguë, ce grimpeur me ramenait au caractère éphémère et éternel de l'existence, ces deux réalités dont parle la philosophie indienne du Vedanta et qui ne sont pas contradictoires. Il faut apprendre à vivre à la fois dans une réalité transitoire et une réalité permanente. C'est comme l'eau, il y a le fond de l'océan – la réalité permanente –, et il y a les vagues – ce qui est transitoire. Cela oblige à percevoir d'une tout autre manière la vraie nature du réel, qui se situe bien au-delà des opposés et dans lequel les contraires coexistent. Cette nécessité d'abolir la polarité liée à la condition humaine pour réaliser sa véritable nature se retrouve au cœur même de l'enseignement de la *Bhagavad Gita*, où Krishna révèle à Arjuna l'importance de dépasser les contraires pour connaître Dieu.

Par respect, ou peut-être aussi un peu par superstition, je n'osai regarder ce grimpeur figé. Poussée par une force inconnue, cependant, je finis par croiser son regard. Les yeux grands ouverts, ressemblant presque à une poupée de cire, il s'était endormi paisiblement dans l'éternité. Des images me vinrent à l'esprit. Il m'apparut comme le gardien du lieu, le passeur, conduisant la pèlerine, la « non-initiée » que je suis, vers un monde autre. Il était temps de passer dans cet ailleurs, de franchir le seuil qui sépare le monde des vivants de celui des morts. Tout en prenant conscience de cette rencontre symbolique, je continuai à gravir les quelques derniers mètres, puis j'atteignis le sommet. J'y étais. J'avais franchi la porte. J'étais morte, morte à moi-même, morte au monde. Une nouvelle vie commençait, rien ne serait plus comme avant. J'accrochai mon mousqueton de sécurité et admirai le paysage grandiose qui s'offrait à mes yeux. Devant moi, la Mère du monde, Chomolungma, la source de la vie, la source de tout.

J'étais sous l'œil de la Déesse. Quinze ans après mon hémorragie cérébrale, j'avais à nouveau son *darshan*, sa vision. Elle était là, cette même présence qui ne me quitte pas. Je remerciai la vie, je remerciai la Mère Divine, la Conscience Universelle, pour cet immense cadeau.

Malgré ma joie d'être parvenue au sommet, je ressentis une sorte de malaise dans ce lieu des plus inhospitaliers, des plus impropres à la vie. Ma petite voix intérieure me disait de redescendre immédiatement. Ce n'était pas le moment de célébrer. Cet endroit appartenait au royaume de la mort, il n'était pas pour moi. Comme pour m'alerter, les éléments commençaient à se déchaîner. J'observais les nuages qui se précipitaient vers nous. Le vent forcissait. Le ciel s'assombrissait et la neige tombait de plus belle. Sans être une experte en météorologie, je pouvais affirmer qu'une tempête se dirigeait droit sur nous. Je fis signe à Pemba que j'étais prête à redescendre, il était déjà 11 heures. Pemba et moi prîmes quelques photos sur ce sommet très exposé qui peut à peine accueillir deux personnes. Il y avait bien une sorte de petite corniche juste derrière nous, mais comme toute corniche, aussi belle soit-elle, il est extrêmement dangereux de s'en approcher, au risque de tomber avec. Ici, pas de foule comme au sommet de l'Everest ou celui du mont Blanc. Au sommet du Lhotse, mon sherpa et moi étions seuls. Quant à John et Chris, ils étaient encore loin derrière.

Pour la photo, je dus enlever ma double paire de gants afin de pouvoir manipuler mon appareil. C'était risqué par ce froid extrême, mais je ne pouvais repartir sans la photo, j'avais besoin de la « preuve ». La preuve du sommet est cruciale pour qui veut attester du succès de son ascension. Aux siècles derniers, des alpinistes allaient jusqu'à convoquer un huissier pour attester de leur succès, comme le fit Antoine de Ville en 1492, pour le mont Aiguille dans le Vercors. Aujourd'hui, la photographie facilite évidemment les choses, mais dans le cas où, pour diverses raisons, prendre une photo est impossible, le grimpeur peut déposer quelque chose de personnel. Il n'est pas rare ainsi de trouver quelques objets sur les sommets, tels que des photos, des petites statues, etc. Si j'avais laissé quelque chose, j'aurais probablement déposé une photo que j'aurais tenté d'encastrer dans la roche pour qu'elle ne s'envole pas.

Par ailleurs, des grimpeurs n'hésitent pas à mentir sur la réussite de leur ascension, avec la complicité de leur guide, qui doit attester de la véracité de l'histoire. Les exemples ne manquent pas, et des organismes et guides sont experts en la matière. Certains prétendants au sommet vont même jusqu'à réaliser des photos montages, telle cette Indienne du Cachemire qui affirma avoir atteint l'Everest quelques jours après mon ascension du Lhotse. À l'automne 2018, alors que je réalisais l'ascension de l'Himlung, je fus moi-même témoin de cette pratique. Dans une des expéditions présentes au camp de base, se trouvait un Chinois qui marchait aussi vite qu'une tortue. Alors que j'étais au camp 2, à 6000 mètres, je le croisai, accompagné de son sherpa. Ils prétendaient avoir atteint le sommet à 5 heures du matin et avoir attendu pendant une heure que le soleil se lève. Leur appareil photo n'ayant plus de batterie, ils n'avaient pas été en mesure de fournir la preuve de leur succès.

Leur histoire n'avait aucun sens. À les entendre, il leur avait fallu moins de temps que moi pour atteindre le sommet, alors que je marchais nettement plus vite qu'eux. D'autre part, ils prétendaient être restés une heure en pleine nuit, à plus de 7 000 mètres d'altitude, dans un froid glacial, alors que presque toutes les équipes précédentes avaient vu plusieurs de leurs membres souffrir de gelures. Et bien sûr, ils n'avaient pas de batterie pour prendre de photo !

Alors, je fis un effort et j'enlevai mon masque afin qu'on puisse m'identifier sur la photo. Pressée par le temps et ayant bien trop froid, j'oubliai de sortir de mon sac les drapeaux tibétains pour les accrocher aux rochers, ou les laisser voler, car après tout, les prières sont faites pour être répandues. J'espérai que les dieux me pardonneraient cette omission.

Une descente infernale

Nous ne restâmes probablement pas plus de dix minutes au sommet. « C'est tout », me dit un de mes amis à mon retour. Oui, c'est tout ! Nous n'étions pas au café de l'aiguille du Midi ou au Brévent en train de boire un chocolat chaud ! De même, pour quelques grimpeurs de l'Everest avec qui je parlai au retour, la seule pensée au sommet était la descente ! Pour ma part, je ne voulais surtout pas finir comme le Bulgare au camp 4, mort d'épuisement dans sa tente, ou notre camarade quelques mètres plus bas. Les conditions météorologiques changeant extrêmement vite, nous entamâmes l'abrupte descente de la section rocheuse.

Je dépassai le cadavre collé à la corde fixe, évitant autant que possible tout contact avec lui. Ma main finit néanmoins par atterrir sur sa jambe. Comme par crainte d'être contaminée par le virus de la mort, je la retirai immédiatement tout en essayant de ne pas perdre l'équilibre. Plus bas, je saluai Chris, qui ne savait encore rien de la rencontre macabre qu'il allait faire. Greg Child, à ce propos, raconte l'histoire de grimpeurs qui, presque arrivés au sommet du Makalu, firent demi-tour à la vue d'un homme assis au milieu des rochers, un Slovaque, qui s'était probablement endormi lui aussi. Ce ne fut pas le cas de Chris.

J'appris plus tard, grâce à l'Himalayan Database, que le corps que j'avais croisé était celui d'un Tchèque mort en 2012 après avoir atteint le sommet du Lhotse sans oxygène. À bout de forces, il avait dû s'endormir à quelques mètres du sommet pour ne jamais se réveiller. Je commençai tout de même à me demander si un sort tchèque ne s'était pas abattu sur moi. Ayant vécu et voyagé dans les pays de l'Est, en particulier en Roumanie, je n'ai jamais réussi à me rendre en République tchèque. À deux reprises, mon voyage à Prague, cette ville mystérieuse aux trésors cachés et aux codes alchimiques, qu'André Breton surnommait aussi la « capitale magique de la vieille Europe », fut annulé au dernier moment. Et me voilà des années plus tard à quelques mètres du sommet du Lhotse, face à face avec un cadavre tchèque. Une chose est sûre, si je parviens un jour à Prague, une pensée particulière sera pour mon camarade décédé.

Sachant que la descente d'une montagne est souvent bien plus dangereuse que son ascension, et que c'est généralement là qu'on y perd la vie, je craignais de redescendre. Je me sentais vidée et toussais beaucoup. Contrairement aux prévisions météorologiques, le mauvais temps approchait à toute vitesse et le blizzard s'intensifiait. Encore une fois, rien ne se déroulait comme prévu. Ma stratégie était pourtant simple : gravir le sommet sans John et avec une bonne météo ! Bien sûr, aucune des deux conditions ne fut remplie. C'étaient les « impondérables ». Tempête ou pas, nous n'avions pas le choix, nous devions redescendre. Je me rendis alors compte de ma chance d'avoir Pemba à mes côtés. Bien qu'ayant failli, à cause de lui, finir carbonisée dans ma tente ou revenir à cloche-pied au camp de base, Pemba continua à veiller sur moi jusqu'au camp, n'hésitant pas à me pousser à avancer lorsque l'envie de m'asseoir et m'endormir était trop forte. Tous les sherpas ne se comportent pas de la sorte. Ainsi Chris n'eut pas la même chance que moi. Alors qu'il était extrêmement mal en point, son sherpa l'abandonna juste après qu'ils eurent atteint le sommet, affirmant que la descente était facile et que le camp 4 n'était pas loin. Quatre-vingts pour cent des accidents se produisent pourtant lors de la descente.

La descente du couloir Reiss fut infernale, beaucoup plus difficile que la montée. Je descendis en rappel, prenant bien soin de clipper mon mousqueton à chaque changement de corde. J'essayai d'être la plus vigilante possible, car une chute ici aurait été fatale. De plus, la visibilité était presque nulle, tellement il ventait et neigeait. On m'avait assuré que le couloir était relativement protégé des éléments, l'inverse me semblait beaucoup plus juste. Ce couloir faisait davantage office d'entonnoir, comme si la tempête se concentrait à cet endroit et s'en trouvait amplifiée. Ayant pratiqué un peu la voile, cela me rappela l'effet Venturi, qui, induit par un rétrécissement entre deux montagnes, accélère fortement le vent[40]. La vitesse du vent de couloir dépend généralement de la stabilité de l'air, de la hauteur de la montagne, du taux de rétrécissement, de la rugosité du sol et de la vitesse en amont de l'obstacle. Ces vents peuvent parfois atteindre plus de 100 km/h, ce qui, heureusement, était loin d'être le cas ici. En revanche, il faisait toujours aussi froid, si ce n'est plus. Je ne saurais dire quelle était la température, mais ce qui importait, c'était la température ressentie, qui découle du rapport entre la vitesse du vent et la température de l'air. Si la température est de – 30 °C et que le vent souffle à environ 30 km/h, le corps a le même ressenti qu'à une température de – 50 °C.

Pour rendre la situation encore plus plaisante, une pierre manqua de m'assommer, mais tomba finalement sur mon mollet droit. J'eus bien évidemment mal, mais je ne pouvais m'arrêter. Chris me raconta avoir reçu une pierre sur la tête. Heureusement qu'il n'avait pas suivi les conseils de John, car son casque lui sauva probablement la vie. C'est le problème avec ces couloirs rocheux et glaciaires, leur forme tend à concentrer dans une zone relativement restreinte les pierres qui se décrochent des parois. La probabilité d'en recevoir une y est donc plus élevée.

Vers la fin du couloir, la tempête se calma enfin ; nous en profitâmes pour prendre quelques photos. Sachant que nous

40 À mon retour, on me confirma que le vent ne venait pas du Tibet, comme c'est généralement le cas, mais du côté opposé.

nous rapprochions du camp, je ne résistais pas à l'envie de m'asseoir toutes les cinq minutes. J'avais extrêmement mal au dos et au cou, et pouvais à peine avancer. À chaque arrêt, je tendais à m'endormir. Rien de très surprenant vu l'effort fourni et les nuits précédentes sans sommeil. J'éprouvais de plus en plus de difficulté à rester éveillée. Cependant, je ne pouvais m'assoupir au risque d'être engourdie par le froid et victime d'un coma hypothermique ; la température du corps chute alors, et le cœur cesse de battre. Pemba, me voyant stopper de plus en plus fréquemment, et même tomber, me pressait d'avancer, puis il finit par m'encorder à lui. Seule, sans sherpa, aurais-je redoublé d'efforts pour ne pas m'asseoir ? Difficile à dire. Nous parvînmes à l'endroit maudit du crampon, puis finîmes par arriver au camp 4. J'étais épuisée. Et dire que Pemba voulait rejoindre le camp 2 dans la même journée… Vu mon grand état de fatigue, j'aurais eu le temps de mourir plusieurs fois dans la descente.

Arrivée au camp, je vis que Dhurba était là ; il était de passage et se dirigeait vers le col Sud. Sortant la tête de sa tente, il me félicita pour l'ascension, je le remerciai. Je ne le savais pas à ce moment-là – qui l'aurait su d'ailleurs –, mais c'était la dernière fois que je le voyais. Il mourut le lendemain. Sujet au mal des montagnes et à l'épilepsie, Dhurba était parfaitement conscient des risques qu'il encourait en grimpant l'Everest. Mais en tant que sherpa, il voulait probablement prouver à ses collègues et amis qu'il était lui aussi capable de faire un 8000. Sa mère étant veuve, un statut très difficile pour les femmes népalaises qui sont encore victimes de discrimination, Dhurba souhaitait un jour se consacrer à des projets destinés aux veuves. Il était marié et père d'une petite fille.

Je repense aujourd'hui à ce moment. Revenant du royaume des morts, après avoir rencontré l'un d'eux, n'était-ce pas étrange de me retrouver devant un individu sur le point de mourir ? La mort, la première à me féliciter d'avoir atteint le sommet et d'être encore en vie ! Je ne sais quel sens donner à tout cela, mais la grande faucheuse possède un sens de l'humour que nous autres, êtres humains, ne sommes pas toujours à même d'apprécier. J'ai beau avoir vu la mort de près, que ce soit lors de mon accident cérébral en Inde, l'enterrement de proches, de longues heures passées sur les lieux de crémation, ou même au cours de mon travail au CICR, la mort n'en reste pas moins choquante. Soudaine, imprévisible, cette bombe à retardement qui nous attend dès la naissance me rappelle qu'elle est partout et qu'elle peut frapper à tout instant. Mais sans ce rappel, sans l'horizon de la mort, notre désir de vivre ne s'éteindrait-il pas ? N'avons-nous pas besoin de la mort pour nous sentir vivants ?

Je m'effondrai dans la tente, totalement épuisée, mais heureuse. Pemba essaya de préparer un peu d'eau chaude, mais le réchaud fonctionnait très mal. Je réussis à boire un peu, probablement pas assez, car je n'avais rien bu de toute l'ascension à cause du froid, et j'étais totalement déshydratée. J'étais loin des sept litres d'eau à ingurgiter pour compenser l'air sec et les effets de l'altitude. Et, pour rendre les choses un peu plus amusantes, mes règles étaient de retour, seulement trois semaines depuis la dernière fois… Il paraît que lorsqu'une femme se trouve dans des conditions extrêmes, ses règles cessent pour que le corps puisse se concentrer sur les fonctions vitales. Dans cette zone de la mort, cela semblait apparemment avoir l'effet inverse chez moi. Je devais probablement vivre chaque instant doublement, comme si le temps m'était compté et que chaque moment devait être plus intense… Avec trois fois mes règles en six semaines, je vivais plus que pleinement !

J'eus l'impression de retourner à mon treizième anniversaire quand je découvris pour la première fois cette petite tache rouge qui marquait ma transformation en tant que femme. De même, l'arrivée de mes règles à mon retour du sommet me fit l'effet d'une véritable explosion d'énergie féminine. S'il n'y a point besoin des règles, bien sûr, pour considérer son incarnation en tant que femme, reste que le sang menstruel, profondément ancré dans l'inconscient collectif, est un symbole fort. Mon ascension au Lhotse, en ce sens, représente à mes yeux une affirmation puissante du féminin, qui vient me relier à la grande spirale des femmes. Mais plus qu'un symbole du féminin, ce sang menstruel est le symbole même de la vie. Au plus fort d'un des moments clés de mon existence, quoi de plus beau que d'affirmer ce pouvoir de donner la vie, non seulement par la capacité de donner naissance, mais aussi de nourrir et de fertiliser n'importe quelle terre, y compris la plus hostile. Quoi de plus sacré à travers ce cycle féminin que d'honorer la Mère du Monde, la Déesse Chomolungma devant moi. Pour la femme que je suis, il n'y a pas meilleure synchronicité que cet événement inattendu à plus de

8 000 mètres d'altitude. Ce sang menstruel vient également nous rappeler qu'en tant que partie intégrante de la nature, nous ne pouvons échapper à la loi immuable de la mort. Les grandes déesses maternelles vénérées de tout temps en Orient ont toutes aussi bien apporté la vie que la mort. Kali, cette déesse des marges qui représente le paradoxe même dans sa totalité et incarne l'union des extrêmes, en est l'exemple même. Mais si Kali symbolise la mort par excellence, elle représente également la victoire sur celle-ci et apporte son pouvoir régénératif. L'apparition soudaine de ce sang menstruel vient symboliquement marquer une renaissance intérieure, une libération. Cette énergie renouvelée, porteuse de changements, se veut être l'opportunité de se débarrasser de ce qui nous entrave dans la vie : les relations malsaines, les situations stagnantes, les émotions négatives, etc.

Je dormis deux bonnes heures, puis décidai d'appeler ma famille avec le téléphone satellite. Ma mère était extrêmement heureuse de me savoir de retour au camp 4, saine et sauve. Je lui précisai néanmoins que la descente vers le camp de base n'était pas sans danger, surtout au vu de mon état général d'épuisement. Pendant ce temps, Pemba faisait de nouvelles misères au réchaud. Je ne me sentais pas du tout en sécurité.

Le soir, notre « festin » consista en un petit paquet de nouilles crues que nous partageâmes, et bien sûr, comme je pouvais m'y attendre, je ne pus dormir de la nuit. L'image de cet individu près du sommet m'obsédait. La solitude et la mort émergeaient à ma conscience. J'étais par ailleurs frigorifiée, ce qui était en partie dû au fait que je n'avais plus d'oxygène. En effet, en plus d'améliorer les capacités physiques, l'oxygène renforce la résistance au froid. Je toussais également énormément. Cette angine foudroyante n'était sûrement pas sans rapport avec les nombreux masques que j'avais portés, quatre au total! De toute évidence, j'avais attrapé les germes par ce biais. Quoi qu'il en soit, je ne rêvais que d'une chose, mettre fin à cette nuit glaciale et me retrouver dans un lit douillet à Katmandou après une douche chaude.

La nuit dura une éternité, comme si le temps n'avait plus de prise. Peter Habeler, lors de son ascension de l'Everest sans oxygène, évoque cette distorsion du temps: « Durant cette première nuit dans l'isolement de ma tente, j'étais pris par la peur. En face de cette force primordiale, il me semblait à moi-même être tellement petit, devenir aussi timide que le jour où j'ai vu l'Everest pour la première fois depuis l'avion. Quand était-ce? Seulement il y a quelques jours. Mais durant cette nuit, il me sembla que cela faisait des semaines que j'étais entré dans ce monde effrayant[41]. » De même, la nuit n'en finissait pas. Les heures et les jours vécus à ces hautes altitudes possèdent des rythmes qui leur sont propres, différents de ceux que l'on trouve plus bas. Tel un voyage spatio-temporel, le temps ici est déformé et n'a plus la même emprise. Les minutes deviennent des heures et les heures des jours entiers.

La nuit se termina enfin. Tout avait gelé dans la tente. Difficile de dire quelle était la température exacte, mais il faisait probablement – 25 °C. N'ayant pas fermé l'œil de la nuit, je n'avais qu'une

41 Peter Habeler, *Everest: Impossible Victory* (Sphere Books, 1979).

seule pensée, déguerpir d'ici au plus vite ! Pemba dormait paisiblement – à près de 8 000 mètres et avec ce froid glacial, comment faisait-il ?! Je voulais boire un peu d'eau chaude, mais je devais attendre son réveil. Plus tard, j'entendis Tenzin qui sortait de sa tente. « Pemba, Pemba, réveille-toi, Tenzin s'en va ! » Pemba regarda à travers les fines ouvertures de la tente, échangea quelques mots avec Tenzin, puis finit par sortir de son sac de couchage. Il fit chauffer un peu d'eau, mais il y avait à peine de quoi boire un café ; le réchaud n'était définitivement pas fonctionnel. Bien que n'ayant quasiment rien mangé depuis trois jours, et malgré l'altitude, je sentis une petite urgence ; je devais rapidement me rendre aux toilettes. Pas le choix, cela serait juste à côté de la tente, car il était trop dangereux de m'éloigner, je pouvais glisser. Au même moment, des grimpeurs revenant du col Sud passaient non loin, et moi devant eux, accroupie, je les voyais passer. Apparemment, personne ne se souciait de me voir dans une telle position. C'était un des côtés positifs de partir en expédition : loin des conditionnements de notre société, on revient à l'essentiel.

Plus tard, alors que nous nous préparions à quitter ce lieu hostile, je constatai que le corps du Bulgare avait miraculeusement disparu. Je finis par me demander si sa présence prolongée n'avait pas eu pour seul objectif de nous rappeler, à nous autres mortels, que la mort est omniprésente et que nous devons rester constamment vigilants.

Il était déjà 11 heures du matin lorsque nous quittâmes le camp. Chris et moi partîmes avant les sherpas, qui devaient tout ranger et rapporter le matériel. Me sentant totalement épuisée, ne sachant même pas comment je parviendrais à me ramener moi-même, je dus laisser mon mince matelas et un petit sac d'ordures au camp. Pemba m'assura qu'ils redescendraient tout. Je m'en voudrais par la suite, imaginant tout ce qu'ils avaient probablement laissé là-haut. Quand on sait ce qu'est devenu le col Sud – la plus haute décharge du monde –, on peut penser qu'il en sera de même au camp du Lhotse, dans une proportion bien évidemment moindre. Dans tous les cas, je me sentis incapable de prendre autre chose dans mon sac, tout me semblait tellement lourd. Mon oxygène s'étant épuisé la veille, je n'avais au moins aucune bouteille à transporter, même si, paradoxalement, cela m'aurait aidée à avancer. À ce propos, il est peu probable que les quatre bouteilles prévues à l'origine aient été utilisées pour l'ascension. Deux bouteilles, peut-être trois, mais assurément pas quatre.

J'avais mal à la gorge, je toussais énormément, mais pouvais heureusement encore marcher. Le mental avait pris le dessus et me poussait à puiser en moi le peu d'énergie qu'il me restait. Peu après le passage de la « bande jaune », alors que je me baissais pour changer ma sécurité, je fus prise d'une quinte de toux, et mon dos se bloqua. Panique ! Je pouvais à peine me relever. Ayant déjà eu le dos bloqué, en pleine traversée des Alpes françaises, au beau milieu d'un troupeau scrupuleusement gardé par un chien de berger, je savais que je pouvais rester ainsi, sans bouger, pendant longtemps. Mais, ici, pas question de rester immobile, je devais absolument me mouvoir. Par de simples micromouvements très douloureux, je me relevai extrêmement lentement, faisant attention au moindre geste. Puis, après quelques petits pas, je pus reprendre la marche. Plus bas, alors que nous étions en train de nous reposer sur une zone relativement plate, Chris et moi rencontrâmes Saoud et Pasang. Arrivant par surprise, Saoud s'effondra quasiment sur moi sans se douter une seconde que mon dos était en miettes. Je sentis soudainement une énorme douleur m'envahir, une douleur dont je me souviens encore aujourd'hui. Malgré cette approche quelque peu abrupte pour mon dos, cela me réchauffa le cœur de les retrouver. Nous nous félicitâmes mutuellement et restâmes là pendant une trentaine de minutes, profitant de cet instant ensemble et discutant avec d'autres grimpeurs rassemblés au même endroit.

Quand j'arrivai au camp 3, je m'effondrai littéralement sur la neige. Pasang eut alors l'excellente idée de m'offrir un matelas pour m'allonger. C'était royal ! Ram, l'assistant cuisinier, qui allait beaucoup mieux depuis son évacuation il y a plus de trois semaines, était tout spécialement venu du camp 2 nous apporter du thé au citron, dans lequel il y avait probablement plus de sucre que de citron, ainsi que des rouleaux de printemps. Ces derniers avaient plutôt le goût de gaz de pétrole, mais après trois jours sans presque rien manger, je les trouvai délicieux. Pendant que nous savourions ce déjeuner, Saoud passait de nombreux coups de téléphone en Arabie saoudite. Il semblait heureux. Cette ascension au pays de « l'or blanc » lui ouvrirait sans doute de nombreuses portes à son retour, dont probablement celle de l'or noir. La gloire l'attendait ! Rares sont les Saoudiens qui ont atteint le sommet de l'Everest.

Après cette pause bien méritée, il fallait penser à continuer de redescendre. Je n'étais pas sereine, car j'étais à bout de forces. Heureusement, Ram se proposa de m'accompagner et m'aida tout au long de la descente, avec gentillesse et une grande attention. En chemin, l'équipe d'Alpine Ascents, dans laquelle se trouvait mon ami français Thierry, me dépassa. Ils marchaient tous avec de l'oxygène, ce qui devait certainement aider. En revanche, Chris était très mal en point lorsque nous le retrouvâmes au point de cramponnage, plus bas. Il ne pouvait plus marcher, et crachait ses poumons à chaque pas. Il nous fallut ainsi deux heures pour revenir au campement du camp 2. Peu avant d'arriver, je marchai malencontreusement sur une fine couche de glace et plongeai ma chaussure presque entièrement dans l'eau glacée. Avant le sommet, cela aurait été un vrai problème, surtout en l'absence de soleil pour faire sécher la chaussure, mais maintenant, ce n'était pas grave, demain, je serai au camp de base. Je parvins ainsi dans ma tente, éreintée, avec ma chaussure trempée, mon dos cassé et ma toux incessante, mais tout cela m'importait peu. J'étais heureuse, heureuse d'avoir franchi cette nouvelle étape. Pourtant, rien n'était gagné, il restait encore la traversée de la cascade le lendemain. Seule, dans la tente-cuisine, je mangeai un *dal bhat*, le meilleur des plats qui soit ici, puis j'allai me reposer dans ma tente. Sans grand étonnement, je ne dormis que quelques heures car j'avais froid, et chaque quinte de toux me causait de terribles douleurs dorsales, m'empêchant même de m'allonger.

M&M's pour petit déjeuner

Le lendemain, Saoud omit de me réveiller comme nous l'avions convenu. Je trouvai cela étrange, mais ne m'inquiétai pas plus que ça. Il était probablement très fatigué et dormait encore. Je me rendis à la tente mess pour petit-déjeuner. Chris, qui avait toussé toute la nuit comme moi, me rejoignit. Le petit déjeuner se dégradait sensiblement – sardines et haricots secs. Je ne pus rien avaler, si ce n'est quelques petits biscuits avec un peu de café. Chris, lui, se contenta de son énorme paquet de M&M's rapporté des États-Unis. C'était la décadence totale ! Les Américains ne sont néanmoins pas les seuls à se sustenter de M&M's en expédition. Plus tard, lors d'une conférence du Groupe militaire de haute montagne à l'École nationale de ski et d'alpinisme (ENSA), j'appris qu'un des membres de l'équipe s'était nourri quasi exclusivement de M&M's lors d'une expédition au Changapang, en Inde. Cela fit beaucoup rire l'audience, surtout moi qui me remémorais la scène au camp 2, lorsque Chris et moi étions dans un funeste état, avec des M&M's comme seuls aliments comestibles. Rien de très équilibré sur le plan nutritionnel, mais bon, c'était probablement mieux que de ne rien manger. Et puis, une fois de plus, tout était permis à ces hauteurs. Le chocolat qui « fond dans la bouche, pas dans la main » ne se contente donc pas de voyager dans les navettes spatiales, il semble également apprécier les hauts sommets himalayens.

Pasang nous rejoignit plus tard dans la tente mess.

« Salut les gars.

— Bonjour, Pasang, comment ça va ?

— Eh bien, il semble que nous allons être les seuls à redescendre aujourd'hui. Saoud ne voit plus, il a une ophtalmie des neiges. Il va être évacué, car il ne peut pas marcher dans ces conditions.

— Oh non… C'est pour ça qu'il ne m'a pas réveillée ce matin, parce qu'il ne voit pas !

— Oui, je m'en suis rendu compte quand je suis allé le voir dans la tente, ses yeux étaient tout rouges.

— Merde, pas de chance vraiment.

— Donc, nous allons partir tous les trois. John ne viendra pas non plus avec nous, il a décidé de rester ici aujourd'hui.

— Merci beaucoup, Pasang, de nous raccompagner au camp de base, d'autant plus que ce n'est pas de ta responsabilité. Es-tu sûr de ne pas vouloir accompagner Saoud dans l'hélicoptère ?

— Non, ce n'est pas nécessaire. Je viens avec vous. De plus, il n'y a pas d'autres sherpas disponibles. Elbi sera évacué lui aussi, car il a des gelures aux mains et au visage.

— Oh mon Dieu, ce n'est pas vrai ! Ça ne s'arrêtera donc jamais ! »

Je regardai Chris au même moment, qui pensait probablement la même chose. Cette expédition était damnée !

« Que s'est-il passé exactement ?

— Après que James a été évacué par hélicoptère du camp 3, Elbi, qui devait initialement l'accompagner, a proposé de venir avec moi et Saoud au sommet de l'Everest, sauf qu'au lieu d'abandonner alors même qu'il ne sentait plus ses mains, il a préféré continuer.

— Est-ce qu'il doit être amputé ?

— Nous ne savons pas, j'espère que non, les médecins de l'hôpital de Katmandou décideront.

— C'est vraiment malheureux tout cela. »

Même s'il y avait peu de doutes à ce sujet, la mort de Dhurba nous fut confirmée un peu plus tard. Le camp fut attristé par cette nouvelle, les sherpas étaient tous en deuil. Quelle terrible épreuve. Que voulait-il prouver par cette ascension ? Conscient de ses limites, il fallait néanmoins qu'il continue. Comme d'autres grimpeurs, pour qui le sommet devient plus important que tout le reste, il fut incapable de renoncer malgré les signes. Une forme de suicide, diraient certains. Une collecte de fonds fut ensuite organisée pour sa famille.

J'appris qu'Elbi s'était lui aussi obstiné à aller au sommet de l'Everest afin de porter les couleurs de drapeaux politiques. Sans nul doute, et au-delà de ses convictions personnelles, il y avait des raisons pécuniaires à cela. Malheureusement, cela lui coûta des gelures aux mains, avec de possibles conséquences sur la poursuite de son travail.

L'hélicoptère arriva enfin. Jamais deux sans trois ! C'était en effet la troisième évacuation à laquelle j'assistais. D'abord Ram, ensuite Graham, et enfin Saoud avec Elbi. James avait également été évacué, mais je n'avais pas été présente. En ce qui concerne Morgan, il aurait probablement été évacué lui aussi s'il avait décidé de tenter l'Everest. Heureusement, il prit la sage décision de rester au camp de base. Je vis Saoud sortir de sa tente. Comme il ne voyait presque plus rien, je l'appelai et vins vers lui pour lui souhaiter bonne chance et le serrer dans mes bras. Ophtalmie ou pas, j'aurais compris qu'il ne veuille pas retourner sur les lieux de l'accident, lorsque l'avalanche le surprit dans la cascade de glace. Bien qu'il ne terminât pas l'ascension selon les règles, c'est-à-dire avec un retour à pied au camp de base, il obtiendra son certificat d'ascension de la part des autorités, car la cause était médicale. Saoud fut rejoint dans l'hélicoptère par Elbi, ainsi que par de nombreuses bouteilles d'oxygène vides que les sherpas s'empressèrent de déposer afin d'en ramener le moins possible. Depuis l'avalanche de 2014 qui a tué seize sherpas, le transport de matériel par hélicoptère est autorisé à partir du camp 2.

Ce n'était peut-être pas *Tragédie à l'Everest* de Krakauer, mais cette succession de malchances et d'événements malheureux était pour le moins consternante. Tous les ingrédients d'une tragédie étaient réunis : jalousie, dénigrement et mise en danger, avalanches, crevasse, gelures, tempêtes, ophtalmie, œdèmes, mort, une veuve et un orphelin, des cadavres, un incendie, un masque dysfonctionnel et des bouteilles d'oxygène vides, un crampon qui dévisse, et en prime, une pneumonie. Mais à part cela, Madame la Marquise, tout va très bien, tout va très bien ! Je craignais vraiment le retour, et ne pouvais m'empêcher de faire un parallèle avec mon expérience haïtienne qui, bien que riche et intéressante, fut aussi des plus chaotiques. Tremblement de terre, choléra, ouragan, violence électorale, menaces de gangs à mon encontre, attaque à main armée de mon équipe dans une voiture CICR, atmosphère conflictuelle dans la délégation à Port-au-Prince, et enfin, une fusillade sous mes yeux à l'hôtel mythique *Oloffson*, en plein concert de musique vaudou. Tout cela, il va sans dire, sur un fond de pauvreté extrême. Bref, une mission sous le sceau de la catastrophe. Après quatorze mois là-bas, je revins physiquement et psychologiquement épuisée, et un peu paumée aussi. Difficile de trouver un sens à toutes ces situations dramatiques, où tout semble tourner à l'envers, où tout va mal. Pourtant, aussi étrange que cela puisse paraître, il y a quelque chose de parfaitement ordonné dans ce chaos sans nom, quelque chose qui nous dépasse, où l'inattendu, le nouveau, ne cesse de s'inviter.

Au fond, ce voyage himalayen ne fut-il pas un grand jeu, ou ce que les hindous appellent aussi « *lila* » en sanskrit ? Un jeu dans lequel les petites marionnettes que nous sommes, nous les grimpeurs, tinrent chacune un rôle à son niveau. C'est le grand jeu de l'univers en réalité, celui de la manifestation, de la roue des incarnations. De la même façon, nous jouons tous des rôles dans nos vies, tels des acteurs inconscients de l'être, sans vraiment réaliser notre vraie nature, le Soi, Dieu. Persuadés de la réalité du monde qui nous entoure, nous continuons à jouer ces rôles inconsciemment, répétant sans cesse les mêmes schémas. Bien que nous croyions être les acteurs de ce jeu, nous prenons conscience, parfois, que tout cela n'est qu'un rêve, une pure illusion, une mise en scène. Nous pouvons décider à tout moment de nous immerger dans ce jeu, dans toutes ses manifestations, pour trouver son but, mais la plupart d'entre nous aiment l'illusion et ne veulent pas s'en échapper. Le sage bengali Ramakrishna apparentait cela au jeu du cerf-volant.

Lorsque le cerf-volant s'échappe, l'enfant pleure tandis que la Mère Divine lui crie « bravo ! ». Mais tout le monde reste attaché à son cerf-volant. Nous ne voulons pas sortir de cette illusion.

Chris, Pasang et moi entamâmes la descente vers le camp de base vers 9 heures. Le rythme était lent, nous étions à bout de forces. Pasang, comme d'habitude, était très attentif, nous rappelant régulièrement de bien visser nos mousquetons. Ce jour-là fut probablement pour moi le plus difficile de l'expédition. Les échelles ne tenaient pas bien, les trous s'étaient élargis, certains ancrages pouvaient presque être retirés à la main. Une attention extrême était requise à chaque instant. Je pouvais entendre Pasang râler de temps en temps – « Mais, que font les *Icefall doctors* ? Ils ne font pas leur travail ! » À un moment donné, Chris dut même crier fort pour m'empêcher d'avancer, car un des ancrages ne tenait plus. Plus tard, il se fit insulter par un Népalais totalement excité qui descendait à toute vitesse et voulait absolument nous dépasser, quitte à provoquer un accident. La plupart des Népalais s'attachent d'ailleurs très peu aux cordes fixes. Ils sont peut-être rapides, mais au moindre problème, c'est la chute fatale.

Après plusieurs heures de marche en plein cagnard, nous vîmes le jeune assistant cuisinier ; il nous attendait avec du jus sucré. Quel plaisir ! Un peu plus tard, nous atteignîmes le point de cramponnage. Je compris alors que c'était la fin, j'avais enfin atteint mon sommet, ici et maintenant. Un sentiment profond de gratitude pour la vie me submergea alors, et les larmes commencèrent à couler sur mon visage, sans que je puisse les arrêter. C'était une explosion de joie au plus profond de moi. Je ne m'étais jamais sentie aussi vivante.

Une fois les crampons retirés, nous marchâmes un moment encore avant d'atteindre le camp de base, où Jase et toute l'équipe népalaise nous accueillirent. Je devais probablement ressembler à une extraterrestre; c'est du moins ce que je ressentais après cette épreuve hors du temps et de l'espace. J'avais l'étrange sentiment d'avoir vécu plusieurs vies en accéléré. Malgré mon aspect des plus terrifiants, après presque une semaine sans sommeil, dans le froid, à imaginer le pire à chaque instant, tout le monde me salua chaleureusement et me félicita. Jase, qui était attristé par la mort de son ami Dhurba, me donna son traditionnel *hug*.

Une fois dans ma tente, j'appelai immédiatement mes proches avec le téléphone satellite. Ils étaient très heureux et tellement soulagés. Mais la réalité de la mort me rattrapa rapidement. Je reçus la triste nouvelle du décès d'un de mes amis, Michel Campbell, professeur de théologie à l'Université de Montréal, grâce auquel j'avais atterri au Canada pour faire mon doctorat. La roue tourne, l'impermanence dans toute sa splendeur! Je revenais saine et sauve de cette expédition, et Michel quittait ce monde. Jusqu'à la fin, ce périple ne cessa de me ramener à la mort, encore et encore, d'une manière ou d'une autre. C'était un flirt constant avec la mort, et c'était la beauté même de ce voyage. Nous vivions finalement au-delà de la mort.

Je passai malgré tout une belle soirée avec Chris, Jase et les sherpas, discutant des moments forts de l'ascension. Voyant mes orteils bleus sur un de mes pieds, les sherpas pensèrent que j'avais des gelures. Heureusement, ce n'était que mes ongles en très mauvais état, sûrement à cause de ma chaussure mouillée.

Malgré l'énorme fatigue, je ne réussis pas à dormir, je toussais beaucoup et souffrais du dos. Après six nuits sans sommeil ou presque, je me demandai comment mon corps pouvait encore tenir.

Le matin, Jase interviewa Chris dans la tente mess, et ce qui devait être un entretien individuel se transforma rapidement en un double entretien. Jase voulait également connaître mon expérience sommitale. Et, à mon grand étonnement, je me retrouvai à parler d'« expérience de mort imminente » (EMI). J'avais en effet l'étrange sentiment d'avoir fait un voyage de l'autre côté. Point de séparation du corps, de lumière, de vision, de tierce personne, ou autre, mais le sentiment était bien là. Chris, de son côté, évoqua le « pire jour de sa vie », mentionnant en particulier sa rencontre avec le cadavre près du sommet, qu'il compara à une pyramide maya, et l'abandon de son sherpa lors de la descente.

Fabio, qui étudiait les phénomènes psychotiques en haute altitude, voulait me poser des questions à mon retour, mais il avait apparemment déjà quitté le camp. Plus tard, il m'envoya, comme aux autres grimpeurs, un questionnaire où je notai l'absence de phénomène psychique durant toute l'expédition. Pourtant prédisposée à ce type d'expérience, je m'étais peut-être inconsciemment interdit de vivre de tels états afin de garder toute la lucidité nécessaire dans cet environnement extrême. Toutes les conditions étaient pourtant réunies : je n'avais pratiquement pas dormi ni mangé pendant plusieurs jours d'affilée ; j'avais été sans oxygène la très grande majorité du temps ; j'avais fourni un effort sans précédent ; j'avais des antécédents médicaux me déconseillant fortement l'altitude ; enfin, j'avais eu mes règles dans la zone de la mort, sachant que les menstruations peuvent aussi conduire à des états de conscience altérés.

Je traînai au camp de base toute la journée, et notai qu'il y avait enfin du réseau Internet dans notre campement, probablement parce que le camp était désormais vide. L'époque où les postiers couraient et apportaient le courrier en trois jours seulement depuis l'aérodrome était bel et bien révolue. Plus tard, j'appelai ma mère, c'était la fête des mères. Quelle joie de lui parler ! Je profitai de cet appel pour savoir quel antibiotique était approprié pour mon terrible mal de gorge. La prescription médicale fut une semaine d'amoxicilline minimum. Moi qui évite habituellement les médicaments, je n'eus pas de mal cette fois-ci à me convaincre de commencer le traitement immédiatement. Je préparai mes bagages et fis pression sur Moti, le frère d'Anil, pour trouver un hélicoptère afin de redescendre à Lukla ou Katmandou. J'étais dans un bien trop piteux état pour marcher, je pouvais à peine me lever et toussais constamment. Je me rendis alors au camp d'Élisabeth pour l'informer que je ne pourrai pas l'accompagner pour redescendre, mais elle était déjà partie ! Ce petit bout de femme avait posé le pied au sommet de l'Everest le 23 mai, avait grimpé le Lhotse le lendemain, et le 26 mai, était déjà en route pour Lukla !

Le soir, nous dînâmes tous ensemble avec l'équipe népalaise. L'ambiance était plutôt joyeuse. Bishal, à côté de moi, prodiguait à Pemba des conseils sur sa peau après que j'eus donné à ce dernier toutes les crèmes dont je disposais. Pemba écoutait attentivement, moi aussi d'ailleurs, même si je ne comprenais pas grand-chose à ce qui se disait. La soirée fut agréable, même si John était de retour. Il était revenu le jour même du camp 2, après avoir prétendument jeûné pour Dhurba, qu'il connaissait à peine. Quelle ne fut pas ma déception lorsqu'à la fin du repas, je vis non pas le gâteau de la victoire, celui que l'on mange généralement après avoir atteint un sommet, mais un gâteau d'anniversaire destiné au « leader ». Mais à bien y réfléchir, tout cela n'avait guère d'importance et m'amusa même. John, avec son insécurité profonde et son vide intérieur, avait incontestablement plus besoin de ce gâteau que moi.

Repères d'un autre monde

À mon retour, de nombreuses personnes me posèrent la question du devenir des cadavres. En raison des conditions extrêmes liées à l'altitude, le secours n'est pas possible à ces hauteurs, et il est extrêmement difficile, voire impossible, d'aider quelqu'un sans se mettre en danger, d'où les nombreux cadavres qui jalonnent la voie. Heureusement, je n'eus pas à faire face à cette situation, mais le pompier français, devant les injonctions de son sherpa, dut, contre son gré, laisser un grimpeur abandonné à lui-même, sans sherpa, probablement en train de mourir. Un véritable dilemme pour quiconque, d'autant plus pour un pompier dont le travail consiste avant tout à sauver des vies. En tant qu'ancienne humanitaire, c'est une question qui m'interpelle. Dans quelle mesure devrions-nous risquer notre vie pour en sauver d'autres ? Il n'y a pas de réponse juste, cela nécessite une évaluation au cas par cas. Il n'en reste pas moins que le manque de solidarité et la plus grande petitesse ont dû exister à ces hauteurs, tout comme les plus hautes formes de courage. À cet égard, il est important de saluer le travail exceptionnel des sherpas qui risquent leur vie pour secourir les grimpeurs en détresse. Pas moins d'un tiers des personnes décédées sur l'Everest sont aujourd'hui des sherpas.

Selon l'Himalayan Database, vingt et une personnes sont mortes sur le Lhotse : cinq du mal aigu des montagnes, cinq dans une avalanche, deux d'épuisement et de gelures, huit dans une chute et une a disparu. En comparaison, depuis 1921, date de la première tentative d'ascension de l'Everest, près de trois cents personnes sont mortes en essayant de gravir le célèbre sommet, la plupart n'ayant jamais été retrouvées. Depuis 1978, pas une seule année ne s'est écoulée sans qu'une personne ne perde la vie en tentant l'Everest. Les premiers décès connus sont ceux des alpinistes anglais George Mallory et Andrew Irvine en 1924. Le corps de Mallory a été fortuitement retrouvé en 1999, soixante-quinze ans après sa mort, alors qu'il n'y a toujours aucune certitude concernant le corps d'Irvine. En avril 2014, seize sherpas sont morts dans une avalanche qui a ravagé la voie normale de l'Everest, trois d'entre eux étant restés ensevelis sous 100 mètres de neige et de glace. Un an plus tard, en avril 2015, dix-huit grimpeurs ont perdu la vie dans une avalanche déclenchée par le puissant tremblement de terre qui frappa le Népal.

Plus récemment, en 2017, Chomolungma a tué six personnes. En 2019, onze personnes sont mortes, dont deux du côté nord et neuf autres du côté sud.

Beaucoup de ces « morts dans les nuages » jalonnent ainsi la l'itinéraire vers le sommet de l'Everest. Une zone située sur la face nord-est du sommet a même été surnommée la « vallée arc-en-ciel » en lien avec les vêtements multicolores des multiples cadavres. Quelques morts gelés servent même de balises ; les plus connus ont d'ailleurs hérité de surnoms, comme « Green Boots » (Bottes vertes), un Indien du nom de Tsewang Paljor, mort en 1996 sur la voie nord, dont le corps, déplacé par le vent, repose près d'une grotte devant laquelle passent les grimpeurs pour atteindre le sommet. Green Boots avait été séparé de son groupe et s'était réfugié dans la grotte où il est mort de froid. En 2006, l'Anglais David Sharp, parti pour une ascension en solo, a rejoint Green Boots dans la même grotte. Il s'y était arrêté pour se reposer, mais victime d'une hypothermie, n'a pu se relever. Une quarantaine de grimpeurs seraient passés devant lui sans s'arrêter, alors qu'il était en train de mourir – certains pensant qu'il s'agissait de Green Boots. Cet épisode fit l'objet d'une forte polémique par la suite. Un an plus tard, à la demande de sa famille, son corps fut déplacé et caché de la l'itinéraire d'accès à l'Everest. D'autres cadavres servent encore de repères, comme « El Saludador » (le Salueur), l'un des premiers que les grimpeurs rencontrent, baptisé ainsi d'après la forme de ses bras. Bien que non visible en 2019, le corps de Scott Fischer est fréquemment aperçu sur le versant népalais. Ainsi, il n'est pas rare de voir des cadavres sur le chemin très fréquenté de l'Everest, décrit comme « le plus haut cimetière à ciel ouvert du monde ». Dans une société où tout est pensé pour cacher la mort, où les malades et les personnes âgées sont laissés pour compte, où le divertissement est roi, nous nous sentons plus que jamais impuissants devant ces corps sans vie. Devenus experts de la fuite, de l'évasion, nous cherchons, consciemment ou non, à nous détourner de notre fin ultime. Ces corps, en réalité, nous représentent.

La présence de ces cadavres est choquante, voire condamnable pour certains qui parlent d'un manque de dignité et de considérations morales face à cette banalisation de la mort. Aujourd'hui, on trouve sur Internet des centaines de photos de ces corps sur les pentes de l'Everest ou autre sommet. Jase parle de « tourisme noir », avec des individus qui paient pour se rendre sur des sites imprégnés de mort, de catastrophes et de tragédies. Personnellement, il m'aurait semblé incongru de photographier mon camarade tchèque au sommet du Lhotse, même si je considère la mort comme un passage et non comme une fin.

Dans ce contexte, il semble justifié de se demander pourquoi les corps ne sont pas redescendus. L'une des principales difficultés liées à la descente d'un cadavre réside dans le gel. Le corps d'un individu mort à plus de 8 000 mètres d'altitude, où la température moyenne est de – 35 °C, se transforme rapidement en glace et, après quelques jours, se fige dans la pente. Il devient alors presque impossible de le détacher sans le briser en morceaux. Il faut également tenir compte du fait qu'un cadavre recouvert de glace peut peser jusqu'à 150 kilos. Descendre un cadavre gelé relève donc de l'exploit à ces altitudes extrêmes, où l'oxygène est rare et où chaque pas demande un effort surhumain. Cela nécessiterait d'avoir recours à une dizaine de sherpas très expérimentés. Cette descente n'est évidemment pas sans danger et peut s'avérer fatale, même en déplaçant un corps à quelques mètres du chemin. Deux sherpas sont morts en 1984 en essayant de déplacer le corps de Hannelore Schmatz, une Allemande décédée lors de sa descente en 1979. Aujourd'hui, Hannelore n'est plus visible, le vent ayant fait glisser son corps progressivement sur la pente. Au-delà de l'aspect technique et dangereux, la descente d'un corps à ces altitudes est également une opération très coûteuse, dépassant même le coût de l'ascension au cours de laquelle la personne est décédée. Mobiliser des sherpas pour effectuer une telle opération coûte entre 50 000 et 80 000 dollars. Il faut également savoir qu'il est impossible d'utiliser un hélicoptère à ces altitudes extrêmes – même s'il y a eu des exceptions avec des vols allant jusqu'à 12 000 mètres – et que les vols au Tibet sont interdits par les autorités chinoises. Si la plupart des familles choisissent délibérément de laisser le corps de leur proche sur les pentes enneigées, elles peuvent parfois requérir l'organisation de missions pour enterrer ou ramener les corps. Les raisons en sont souvent culturelles et religieuses, mais aussi parfois purement administratives, pour certifier le décès aux compagnies d'assurances.

Avec le nombre croissant de grimpeurs sur l'Everest chaque année, et en l'absence d'une véritable politique de la part des autorités népalaises pour réguler cette fréquentation, il faut s'attendre à ce que le nombre de morts, et par conséquent de cadavres, continue d'augmenter. Avec le lent mouvement du glacier et le réchauffement climatique, les cadavres, du moins ce qu'il en reste, ne pourront que réapparaître et devenir plus visibles. Considérant qu'à ce jour de nombreux corps se trouvent actuellement sur la montagne, mais que très peu sont visibles, la question de la descente ou de l'enterrement des corps devra donc être tranchée à un moment donné. Face à l'extrême difficulté de récupérer les restes, plusieurs solutions ont été envisagées, comme recouvrir le corps d'un tissu fait d'un matériau spécial ou de petites pierres. Cependant, compte tenu de la courte durée de vie de ces tissus à ces hauteurs et de la force du vent, ces propositions ont rapidement été abandonnées. D'ailleurs, qui peut porter ces petites pierres là-haut ?

La présence de ces cadavres donne parfois lieu aux situations les plus rocambolesques. Jean-Michel Asselin, un alpiniste et journaliste français qui tenta l'Everest à cinq reprises, échouant deux fois à 50 mètres du sommet, raconte sa rencontre en 1989 avec le cadavre du Britannique Maurice Wilson, qui s'était échoué près de sa tente après avoir franchi 600 mètres de dénivelé sur le glacier[42]. En 1934, après s'être sorti d'une période difficile par le jeûne et la prière, Wilson voulut prouver l'efficacité de sa méthode en gravissant l'Everest seul, et ce malgré une expérience de la montagne se limitant à quelques randonnées dans le Lake District. Comme on pouvait s'y attendre, il mourut au cours de son périple himalayen, notant dans son journal ces derniers mots

42 Jean-Michel Asselin, *On ne vit pas au sommet* (Pocket, 2019).

d'une positivité assez déconcertante « *Off again, gorgeous day* ». En guise de dernier hommage à Wilson et à sa pure folie, l'alpiniste français et d'autres ont décidé d'emmener son corps au sommet. Ainsi, chacun a pris un morceau de Wilson, une relique à placer au sommet. Cette année-là, cependant, comme personne ne put atteindre le sommet, les bouts de Wilson furent semés à différentes altitudes.

Aujourd'hui seulement, je me demande ce que j'aurais souhaité si j'étais morte en haut. Aurais-je voulu que mon corps soit redescendu si cela avait été possible ? Aurais-je préféré, au contraire, qu'il soit conservé pour l'éternité dans le froid ? C'est une question que je pris bien soin de ne pas clarifier avant mon départ… peut-être par peur de précipiter mon destin ? Mais, comme disait mon grand-père, qui avait tout laissé en parfait ordre avant de mourir, « penser à la mort ne fait pas mourir », du moins physiquement.

CHAPITRE 6

RETOUR DANS LES BASSES TERRES

Ce qui ne me tue pas me rend plus fort.
Nietzsche

Quand on accepte ses limites, on devient sans limites.
Phrase Zen

Une saison mortelle

Le lendemain, Moti me réveilla brusquement à 5 heures du matin : « Orianne, lève-toi, lève-toi, l'hélico arrive plus tôt que prévu, t'as dix minutes pour te préparer et te rendre à l'héliport. » Malgré ma fatigue extrême, j'essayai d'être aussi rapide que possible. Heureusement, mes deux gros sacs étaient déjà prêts. Je saluai chaleureusement les quelques membres de l'équipe népalaise qui étaient déjà réveillés et marchai à grands pas vers l'héliport. Au final, j'attendrai trois heures avant de prendre l'hélico ! Heureusement, je retrouvai la belle Libanaise, Joyce, avec qui je discutai. À son retour au Liban, Joyce sera félicitée par les hautes autorités du pays, dont le Premier ministre, pour ses réalisations et son action en faveur des femmes et de la jeunesse. Une femme inspirante à tout point de vue !

Deux corps gisaient sur la piste d'atterrissage, prêts à être rapatriés à Katmandou. Il s'agissait de deux Indiens décédés pendant l'ascension. Malheureusement, ils n'étaient pas les seuls ; depuis le tremblement de terre de 2015, qui avait tué dix-huit grimpeurs, cette saison sur l'Everest fut l'une des plus meurtrières, avec un total de onze morts. Lorsque j'avais aperçu au loin les myriades de points lumineux lors de l'ascension finale, je n'aurais jamais imaginé que l'embouteillage entraînerait la mort de tant de grimpeurs, bloqués au sommet, manquant d'oxygène pour redescendre. Parmi les victimes, un Anglais, deux Américains, quatre Indiens, un Autrichien (sur la voie nord), et deux Irlandais (dont l'un du côté nord), et le sherpa de mon équipe. Un cliché saisissant fit d'ailleurs le tour du monde, montrant la longue file d'attente dans la zone de la mort, témoignage du tourisme de masse qui affecte les hauts sommets, mais aussi des risques que les gens sont prêts à prendre pour fouler le toit du monde.

Les raisons de ce carnage sont multiples. La principale est un nombre record de grimpeurs ; 382 permis d'ascension délivrés en 2019 par le Népal et pas moins de 140 par la Chine. Le détenteur de chaque permis étant accompagné d'au moins un sherpa, le nombre total de personnes se rendant au sommet ne pouvait être qu'extrêmement élevé, dépassant le record de 2018 avec 807 personnes sur la même voie en quelques semaines. Ce nombre inclut ceux que l'on pourrait appeler les « récidivistes ». Les ascensions n'ayant pas été possibles en 2014 et 2015 en raison de l'avalanche qui a tué seize sherpas et du tremblement de terre, les autorités népalaises avaient octroyé la possibilité de revenir sans avoir à repayer le permis d'ascension, ce jusqu'en 2019. Le même principe s'appliqua d'ailleurs avec la Covid ; les permis délivrés en 2020 furent valables en 2021.

Cette surfréquentation tend à s'accentuer ces dernières années avec la multiplication des agences *low cost* qui permettent à quiconque de s'offrir le toit du monde pour la moitié du prix pratiqué par des opérateurs de renom, au détriment de la qualité du matériel et de l'expérience des sherpas. Pour ce qui est de mon agence, je ne la considère pas *low cost* malgré ses tarifs relativement bas par rapport à d'autres. Notre expédition joua essentiellement de malchance, bien qu'il y ait eu certains manquements de la part de l'agence, tels que le masque à oxygène défectueux et les bouteilles d'oxygène vides. Les événements dramatiques qui ont frappé l'équipe auraient pu se produire dans n'importe quelle expédition, y compris les plus coûteuses.

Une autre raison du carnage est le nombre croissant de grimpeurs n'ayant pas le niveau requis ; ils ralentissent les personnes derrière eux et mettent leur vie en danger. Des individus inexpérimentés, originaires d'Inde et de Chine en particulier, vont parfois jusqu'à s'attacher à leur sherpa par de courtes cordes et sont littéralement traînés, même sur les parties semi-plates du glacier. Leur présence est en partie liée à des agences peu scrupuleuses qui conduisent des expéditions sans s'enquérir au préalable du niveau des personnes qui souhaitent grimper. Seul l'argent compte, le profit prenant le dessus sur la sécurité. Les autorités népalaises, quant à elles, ne se soucient guère du niveau des personnes lorsqu'elles délivrent des permis. Cette négligence au niveau du filtrage conduit des individus sans réelle expérience à prendre des risques insensés pour atteindre le sommet, malgré les avertissements de leur guide. Pour ma part, bien que je ne sois pas une himalayiste, mes expériences passées me confortèrent sur le fait que j'avais la capacité d'approcher un 8000 : l'ascension d'un 7000 quelques mois auparavant ; une expérience d'andinisme au Pérou à plus de 6000 mètres ; la grande traversée du mont Blanc ; des milliers de kilomètres parcourus à pied lors de mes nombreux treks et pèlerinages ; enfin, une certaine connaissance du milieu montagnard, ayant passé une partie de ma jeunesse dans la vallée de Chamonix.

Enfin, les conditions météorologiques ne sont pas étrangères à cette surfréquentation. Du fait d'un créneau météo extrêmement restreint, les grimpeurs affluèrent tous en même temps, les 22 et 23 mai, créant de forts embouteillages dans la zone de la mort, augmentant l'épuisement, le mal des montagnes et les risques de gelures.

Alors que ces catastrophes semblent paradoxalement renforcer la fascination des gens pour l'Everest, comme on peut le constater depuis la tragédie du 10 mai 1996, les autorités népalaises, depuis, ont pris des mesures pour limiter le nombre de victimes sur le toit du monde. Désormais, tout individu souhaitant se rendre à l'Everest doit avoir réalisé au préalable un sommet de plus de 6 500 mètres. Quant au coût du permis, actuellement de 11 000 dollars (contre 1 800 dollars pour le Lhotse), il va probablement augmenter. Sans pour autant mettre à mal l'économie du pays, ces mesures devraient permettre de réguler le trafic sur le toit du monde en restreignant le nombre de grimpeurs et en décourageant les agences *low cost*. Des quotas d'ascension (250 personnes par jour maximum) sont appliqués pour le mont Blanc. Pourquoi n'y aurait-il pas de limites pour l'Everest ?

La descente en hélicoptère fut incroyable. Je survolai tous les endroits parcourus lors de ma marche d'approche. Je revis notamment Pangboche et saluai intérieurement « mon lama », m'excusant de ne pas être repassée le voir. Dans les airs, nous vîmes un de ces mastodontes russes, le Mi-17, un hélicoptère monstrueux datant de la guerre en Afghanistan, pouvant transporter une vingtaine de personnes. Après un arrêt à Pheriche pour récupérer des grimpeurs de l'agence Madison, dont son directeur, Garrett Madison, j'arrivai enfin à Lukla. Je ne vis personne m'attendre sur la piste d'atterrissage. Trop fatiguée pour me mouvoir, et bloquée par mes trois énormes sacs qui avaient fait le voyage avec moi, j'attendis un certain temps. Finalement, Ngawang Sherpa, qui m'avait initialement accueillie à Lukla, ainsi qu'un autre Népalais me rejoignirent. Tous deux me félicitèrent, portèrent mes sacs et m'accompagnèrent jusqu'à un lodge. Je devais patienter, car il n'y avait pas de vol pour Katmandou. Trop de vent. Ne cessant de tousser, sans énergie aucune, je m'allongeai sur une des banquettes de la salle à manger jusqu'à ce que l'on me propose une chambre pour me reposer.

Une heure plus tard, alors que je m'étais endormie, Ngawang Sherpa vint me réveiller : « Orianne, Orianne, réveille-toi, tu dois partir tout de suite, il y a un dernier vol qui part en urgence pour Katmandou, nous avons cinq minutes pour aller à l'aéroport ! » Encore ! me dis-je. Ne peuvent-ils pas anticiper un peu plus ?! Dans un état semi-comateux, je sortis du lit et commençai à marcher péniblement. Quand j'arrivai enfin à l'aéroport, l'avion de Tara Air m'attendait. Il ne restait plus que moi à embarquer ! Bien que Tara Air soit l'une des compagnies aériennes les plus dangereuses au monde selon le classement de 2019, chose que je ne découvris qu'à mon retour en France, je me sentis chanceuse à ce moment-là, car l'attente peut parfois durer des jours entiers !

Je me souviens des propos de ce Népalais, que je rencontrai par hasard dans une petite gare des Alpes, à Bellegarde, deux mois après mon retour de l'expédition. Organisateur du marathon de l'Everest, Abhishek revenait alors de Chamonix, où il avait fait la promotion de la course. Face à l'annulation du train et au manque d'informations, il m'avoua qu'il ne s'attendait pas à une telle désorganisation ici, en France : « Au Népal, on anticipe systématiquement car on sait qu'il y aura inévitablement des retards. Et puis, il y a de bonnes raisons à cela, comme la météo à Lukla qui retarde les vols. Mais ici, en France, un pays développé, pourquoi un tel retard ? Et je ne crois pas à cette histoire de rails déformés à cause de la chaleur, comme si nous ne savions pas qu'il fait chaud en été. » Sur le moment, je me sentis quelque peu ridicule d'être française. Et que dire du coronavirus ! Le Népal, un des pays les plus pauvres du monde, était bien mieux équipé en masques que la France lorsque le virus fit son apparition !

Un chauffeur de l'agence vint me chercher à l'aéroport à Katmandou et me conduisit à mon ancien hôtel pour récupérer un de mes sacs, qui contenait, chose non négligeable, du linge propre. Tel un Naga, un de ces renonçants en Inde, j'aurais passé mes journées nue dans la chambre d'hôtel que cela ne m'aurait nullement dérangée. Mais j'avais encore quelques petites choses à faire à Katmandou avant de pouvoir me reposer. Ensuite, mon chauffeur me déposa à un autre hôtel. Dès mon arrivée, je sautai sous la douche. Plaisir suprême ! Mon visage était tout décapé, mais j'étais bien. Ma mère, à mon retour, admirera d'ailleurs mon *peeling* himalayen ! Je mis des vêtements propres et sortis. Je devais absolument changer mon billet d'avion avec Air India car mon visa expirait dans quatre jours seulement.

Au bureau de la compagnie, je tombai sur un Indien très sympathique qui remua ciel et terre pour me trouver un vol le 1er juin, date d'expiration de mon visa. Il semblait particulièrement touché par mon récit, d'autant qu'il devait s'occuper du rapatriement des corps des Indiens morts sur les pentes de l'Everest. Je pensai alors à Mahendra, l'Indien que j'avais croisé sur le chemin du camp 2 ; j'espérais qu'il n'était pas dans le lot. L'aimable agent d'Air India fit une demande spéciale à New Delhi et je pus obtenir un vol pour le 1er juin. Je retournai ensuite à l'hôtel, où je pris une collation dans ma chambre avant de dormir douze heures d'affilée. J'aurais probablement dormi plus longtemps si les femmes de ménage n'étaient pas venues me réveiller.

Luxe, calme et volupté

Le lendemain, alors que je prenais un café dans le jardin de l'hôtel, la serveuse me demanda si je n'étais pas malade. Je devais avoir une mine de déterrée car on me posa la même question tous les jours, que ce soit le personnel de l'hôtel ou les touristes eux-mêmes, m'invitant à voir un médecin. Je les remerciai, et leur précisai que je prenais déjà des antibiotiques. Malgré ma toux infernale et ma grande fatigue, je me sentais apaisée, en harmonie avec moi-même et le monde qui m'entourait. Je profitai de ce moment magique dans le jardin, empreint de sérénité.

Non sans difficulté – mon mal de dos s'étant sensiblement aggravé –, je finis par me lever de mon siège et décidai de me rendre à mon endroit préféré : le salon de beauté ! Dans ma reconquête de féminité, j'y restai près de six heures. J'eus droit quasiment à tout : gommage, épilation, massage, manucure ! Seule la pédicure manqua au programme, mes pieds étant en trop mauvais état. Quel bien fou de retrouver un peu de féminité ! Je pensai alors aux Libanaises à l'Everest. Les femmes au Liban ne sortent généralement jamais sans leur trousse à maquillage et sont toujours apprêtées, même pour se rendre au supermarché du coin. Cela ne dut pas être facile pour elles non plus ! Après ce moment de plaisir, je retournai à mon hôtel et dînai seule dans ma chambre. Nul besoin de sortir, j'étais tellement bien ici.

Le lendemain, après un réveil tardif à 11 heures, je décidai de me rendre au centre d'acupuncture. Même si l'idée de me faire piquer ne m'enthousiasmait guère, mon corps méritait bien un tel soin après toutes les souffrances que je lui avais infligées. Le centre était étonnamment calme, il n'y avait quasiment personne. Je rencontrai le docteur Fatimah à qui j'expliquai ce que je venais de vivre. En bref, j'avais des douleurs partout, enfin, surtout dans le dos, et je ne sentais plus les extrémités de mes pieds et de mes mains. À peine avais-je prononcé ces quelques mots que j'étais massée de façon très énergique, puis piquée de partout. Je trouve admirable le travail effectué par le docteur Fatimah, qui, malgré son âge avancé, continue d'exercer.

Plus tard dans l'après-midi, je rejoignis Anil afin de régler la question des pourboires pour le personnel de l'expédition. Je ne pus m'empêcher de rire intérieurement devant son état de panique, notamment lorsqu'il évoqua le projet de Rodrigo de sauter en parapente du sommet de l'Everest, qui plus est sans permis. Sans parler de l'incident diplomatique que cela aurait créé s'il avait atterri au Tibet. C'était finalement une chance, selon lui, que Rodrigo ait eu une pneumonie et que son ami Mauro soit tombé dans une crevasse ! Vu les malheurs auxquels il venait d'échapper, et bien que n'étant pas pratiquant, il irait faire des offrandes aux dieux. « J'ai vraiment un bon *karma* », disait-il. Plus tard, je lui donnai de petites enveloppes qui, en plus des pourboires, contenaient chacune un porte-clés en forme de tour Eiffel, des tours Eiffel que je devais initialement distribuer aux enfants lors de ma marche d'approche. Mais, après tout, les sherpas sont un peu comme des enfants ! Une petite tour Eiffel leur ferait certainement plaisir.

En début de soirée, Tsering, de l'armée indienne, vint me chercher pour m'emmener dîner avec toute son équipe à l'hôtel

Mulberry où ils logeaient. Je passai un très bon moment et j'en profitai pour discuter avec les deux Indiennes. Ces dernières avaient fait l'objet de critiques et remontrances de la part de leur entourage masculin en Inde, qui affirmait qu'elles ne seraient pas capables de grimper l'Everest. Tout comme moi avec le Lhotse, elles prouvèrent le contraire !

Rencontre avec la « CIA » de l'Himalaya

Au cours de mon bref séjour à Katmandou, j'eus l'occasion de rencontrer l'un des membres de l'Himalayan Database, créée par l'Américaine Elizabeth Hawley. Bien qu'Elizabeth Hawley, chroniqueuse inépuisable des ascensions dans l'Himalaya népalais depuis près d'un demi-siècle, n'ait jamais gravi une seule montagne, elle est une figure incontournable de l'himalayisme. Décédée à Katmandou en 2018 à l'âge de quatre-vingt-quatorze ans, elle laisse derrière elle la célèbre Himalayan Database qui retrace les grandes ascensions. Arrivée au Népal à la fin des années 1950 comme correspondante de l'agence de presse Reuters, elle découvrit le monde des himalayistes et interviewa des milliers de grimpeurs. Dans les années 1970, miss Hawley chroniqua les premières ascensions hivernales, puis rendit compte de l'ascension sans oxygène de Reinhold Messner et Peter Habeler en mai 1978, la première ascension hivernale de l'Everest en février 1980 par les Polonais Leszek Cichy et Krzysztof Wielicki, enfin, l'Everest de Messner seul et sans oxygène en août 1980.

De retour d'expédition, une visite à miss Hawley s'imposait pour qui voulait valider son ascension. Les plus grands himalayistes furent ainsi confrontés au regard scrutateur de la grande spécialiste. Munie de ses formulaires, miss Hawley interrogeait, croisait les informations, puis validait ou non l'ascension. Surnommée la « CIA », il fallait tout lui dire. Quand il arriva à Katmandou avec ses idées, Messner se souvint qu'elle ne lui dit jamais que c'était impossible. Miss Hawley aimait d'ailleurs rappeler cette anecdote à propos de Messner : « Dans les premières versions des formulaires, je demandais aux grimpeurs leur situation civile, notamment maritale. À l'époque, ils pouvaient cocher "marié", "divorcé", "en concubinage" ou "célibataire". Messner avait coché les quatre cases, expliquant : "Je suis marié en Italie et divorcé en Allemagne. Cependant, l'Italie ne reconnaît pas le divorce. Et je vis avec une petite amie. Pour le reste, je me sens célibataire." » L'histoire retient également l'amitié de miss Hawley avec sir Edmund Hillary.

Miss Hawley travaillait seule, refusant toute forme de partenariat. À partir des années 1990, elle fit néanmoins appel à un professeur du Michigan pour structurer son travail. La base de données himalayenne fut ainsi créée en 2004. Cette base de données fournit aujourd'hui des informations sur les expéditions de 1905 à nos jours, sur plus de 350 sommets népalais. En 2008, François Damilano baptisa un sommet de 6 182 mètres, dans la région du Dhaulagiri, du nom de miss Hawley. Comme George Everest, elle commenta cette distinction en regrettant que le nom d'une personne soit donné à des montagnes aussi belles. Depuis 2016, Billi Bierling, journaliste allemande, a repris le travail d'Elizabeth.

J'eus l'opportunité de rencontrer sa collaboratrice, Sue Harper, qui, étrange coïncidence, vécut à Chamonix pendant de nombreuses années et m'encouragea vivement à m'y installer à mon retour.

Billi Bierling me confirma par la suite que j'étais en 4e position parmi les Françaises ayant gravi le Lhotse – après Chantal Mauduit (1996), Sophie Denis (2011) et Élisabeth Revol (2017). Aussi surprenant que cela puisse être, si l'on considère mon expérience quasi nulle de la haute montagne, je viens donc m'inscrire, en toute humilité, au quatrième rang de ce palmarès de qualité[43]. Et quoi de plus logique pour célébrer mon passage dans la 4e décennie que d'arriver 4e sur la 4e plus haute montagne du monde ! S'il me plairait un jour de relever le défi des « sept sommets », qui comprend notamment l'ascension de l'Everest, il me paraîtrait tout aussi approprié de grimper les 4es plus hauts sommets de chaque continent : Lhotse (Asie/Népal et Chine), Huascaran Sud (Amérique du Sud/Pérou), mont Saint-Elie (Amérique du Nord/États-Unis et Canada), mont Stephenson (Antarctique), Kochtan-Taou (Europe de l'Est/Caucase), mont Stanley (Afrique/RDC et Ouganda).

Dans la symbolique des chiffres, le 4 signifie réalisation, construction, ordre, stabilité. Rien de très stable, en fait, dans cette expédition, où tout se déroula de travers. Pourtant, et c'est là que réside la magie de la vie, c'est dans ce désordre apparent que les choses se révélèrent être une construction parfaitement agencée. Je

43 Selon l'Himalayan Database, en 2019, 74 femmes, sur 777 personnes, avaient atteint le sommet du Lhotse. Dix sans oxygène (sur 183) et deux à deux reprises, Élisabeth Revol et la Russe Oxana Morneva.

n'ai jamais cru au hasard, encore moins lors de cette expédition qui ne cessa d'apporter son lot de « synchronicités », que ce soit une personne rencontrée, un mot, un mal, un obstacle apparent. Malgré les difficultés, j'eus toujours dans mon cœur cette intuition sûre et lumineuse que les événements, aussi douloureux soient-ils, ne se produisent pas sans raison et sont là pour m'apprendre quelque chose, comme pour brûler le négatif, l'impur en moi. Et aujourd'hui, plus que jamais, je reste convaincue que la vie nous envoie les épreuves que nous sommes capables de surmonter. Alors que les obstacles se dressaient, et comme pour tester ma sincérité, je me souviens entendre cette petite voix qui me disait : « Alors, jusqu'où peux-tu tenir ? Jusqu'où peux-tu aller ? »

Le 4 correspond également aux quatre éléments : l'eau, la terre, le feu et l'air. Revoyant le film de mon ascension les dernières vingt-quatre heures, j'observe que chaque épreuve vécue peut être associée à un élément spécifique : l'air avec le masque à oxygène défectueux ; le feu dans la tente ; la terre avec le crampon qui se détache au contact de la roche ; l'eau avec la tempête dans le couloir. Autrement dit, tous les types de difficultés liées à un voyage initiatique pour purifier son être, pour passer par l'alchimie nécessaire et recevoir la lumière.

Malgré toutes les épreuves rencontrées durant l'expédition, je crus toujours en ma bonne étoile et me sentis toujours guidée, comme si une force invisible, une présence, m'accompagnait et me protégeait. Les difficultés, les situations de crise disparurent pour se dissoudre comme par magie. Cette présence permet d'aller aussi loin que nous le pouvons, et quand nous en avons vraiment besoin, elle se manifeste, elle est là. D'où l'importance de s'écouter et de se faire confiance. Ce sentiment d'être accompagnée ne remonte pas à l'ascension du Lhotse. J'ai toujours eu le sentiment, plus ou moins fort, qu'une force supérieure me guidait et, tel un paratonnerre, me protégeait de la foudre. Si cette force ne supprime pas nécessairement les obstacles sur mon chemin, elle m'aide immanquablement à les franchir. Aujourd'hui, je me sens pleine de gratitude pour la vie, pour cette force qui, à chaque fois, lorsque je tombe au plus bas, m'aide à me relever et continuer.

Après l'extase, la lessive ?

Les quelques jours à Katmandou passèrent rapidement et je me retrouvai déjà à l'aéroport à Paris. Le retour fut aussi difficile que l'expédition elle-même, voire plus difficile, et il me fallut du temps pour intégrer ce que je venais de vivre. *After the Ecstasy, the Laundry*, le titre d'un livre de Jack Kornfield, illustre parfaitement cet état, même si atteindre le sommet du Lhotse ne ressembla en rien à une extase !

Sur le plan physique, il me fallut deux mois pour retrouver mon énergie et sortir de l'état léthargique dans lequel j'avais été plongée tout au long de l'expédition. Les premières semaines, je passai la majeure partie de mes journées à dormir, comme une dépressive qui cherche refuge dans le sommeil pour oublier le sentiment de perdition qui la ronge. Le regain d'énergie que je pensais gagner à mon retour n'était pas au rendez-vous. À peine réveillée, après des nuits de dix heures, je me sentais déjà submergée par une immense fatigue. Par ailleurs, il fallut plusieurs semaines avant que mes extrémités ne retrouvent leur sensibilité. Éprouvant régulièrement des douleurs au ventre, je finis par aller consulter mon médecin à Chamonix, qui me prescrivit un bilan médical complet. Quelle ne fut ma surprise de découvrir que mon taux de CPK, une enzyme liée à l'activité musculaire, avait atteint 2227, sachant qu'un niveau normal ne doit pas dépasser 170. En panique, et sans rendez-vous aucun, je débarquai dans le cabinet du médecin, pensant déjà aux possibles conséquences, telles qu'une maladie cardiaque. Sachant que je n'avais pratiquement pas fait de sport depuis mon retour, le médecin fut surpris de constater un taux aussi élevé et me prescrivit immédiatement des tests complémentaires. Et bien sûr, repos total ! Au bout d'un certain temps, mon niveau de CPK revint finalement à la normale.

Sur le plan psychologique, mon moral était au plus bas, même si, paradoxalement, j'aurais dû me sentir fière et heureuse de mon accomplissement. Tel un soldat de retour de la guerre, la violence de ce voyage m'avait profondément atteinte, tant dans mon corps que dans mon âme, laissant des stigmates qui, bien qu'invisibles, étaient néanmoins présents et douloureux. Les multiples incidents qui frappèrent l'équipe ; la mort d'un des sherpas ; les cadavres rencontrés en chemin, dont un au sommet pour m'accueillir ; l'épuisement physique associé à l'ascension ; l'atmosphère conflictuelle du groupe ; cette foule pressante et cette commercialisation autour de l'Everest, qui causa près d'une dizaine de morts ; tout cela m'affectait et me revenait comme un boomerang. À la manière d'un rituel initiatique, rien ne serait désormais pareil, on en revient forcément différent. Le plus difficile pour moi fut néanmoins d'endurer la présence d'un élément malveillant à mes côtés, et de devoir faire face à sa violence subtile et insidieuse à mon égard.

On trouve ce type d'individus partout, dans le milieu professionnel ou familial par exemple. La dangerosité d'un tel individu dans des conditions extrêmes, comme l'ascension d'un 8000, est néanmoins décuplée. Bien que n'ayant jamais voyagé dans l'espace, ayant juste effectué, petite, un stage au centre de l'astronaute Patrick Baudry, on peut facilement comparer cette situation à celle d'une expédition spatiale. Un seul élément nocif peut non seulement conduire à l'échec de la mission, mais aussi à la mort de ses membres. La présence d'un tel individu me causa beaucoup de stress et me fragilisa considérablement. Il faut être serein et n'avoir rien dans la tête qui vous perturbe pour faire de tels sommets. Qui sait, d'ailleurs, si une personne plus fragile que moi, sous le coup des propos dévalorisants de cet homme à l'ego surdimensionné, n'aurait pas pu avoir un accident pendant l'expédition à force d'être rabaissée et rejetée ?

En outre, il était impératif de reconstruire ma vie, de la réorganiser, de redéfinir les objectifs à tous les niveaux. Un véritable défi, bien plus important que l'ascension du Lhotse ! Et si mon souhait était d'être mère, donner naissance à un enfant ne représente pas, après tout, la seule forme de fertilité. Notre vie est destinée à mettre au monde toutes sortes de projets, de rêves. À cet égard, s'asseoir sur le toit du monde et remercier la déesse Chomolungma, la Mère Divine, la Mère de l'Univers, pour ce merveilleux cadeau qu'est la vie, reste l'un d'entre eux. Cependant, je ne ressens plus le besoin d'accomplir de grandes réalisations pour sentir que j'existe, pour me définir. Je pense avoir un peu appris à ce niveau.

Une de mes amies, à mon retour, me demanda ce que cette expédition m'avait apporté. Aussi simple que la question puisse paraître, je fus incapable de lui répondre, trop frais, trop neuf, lui dis-je. J'avais besoin d'un temps de réflexion. Aujourd'hui, alors que j'écris ces lignes, je pense avoir le recul nécessaire pour y répondre.

Reconnaître sa vraie valeur

Cette expédition m'a tout simplement appris à avoir le courage de dire non. Cela fut difficile, mais j'y suis parvenue et je suis allée jusqu'au bout de mon rêve, malgré les critiques, malgré la dépréciation de ma personne. C'est un énorme cadeau, en réalité, que la vie m'offrit à travers cette épreuve. En refusant catégoriquement les traitements négatifs et le rôle de victime, j'ai fermé la porte à tout ce qui est malsain, aux personnes toxiques, et j'ai laissé entrer plus de bienveillance dans ma vie, me pardonnant à moi-même et pardonnant aussi à ceux qui m'ont fait souffrir. J'espère, à travers cette expérience, encourager d'autres personnes, en particulier des femmes, à poursuivre leurs rêves et à ne pas se laisser influencer.

À mon retour en France, je parvins à me libérer progressivement de situations dans lesquelles je m'étais enfermée et qui ne me convenaient pas. Je ne dis pas, pour autant, que les choses sont faciles aujourd'hui, que je ne trébuche pas, que je ne m'inquiète pas pour l'avenir, que je ne me sens pas perdue et blessée, mais je me permets maintenant de m'aimer un peu plus. S'aimer, se rencontrer, n'a rien d'un chemin facile, c'est une véritable aventure qui demande confiance et persévérance, car on ne s'aime jamais une fois pour toutes. Parfois on tombe, alors on se relève, et on continue avec toute la bienveillance possible.

Connaître le manque, échapper à la mort, donne un nouveau sens à sa vie. Aujourd'hui, je me sens plus vivante que je ne l'étais avant cette expédition, parce que j'ai surmonté les difficultés, franchi des obstacles qui me semblaient presque insurmontables. Je connais un peu plus ma véritable valeur, cette force insoupçonnée qui est en moi. Bien que je ne sois pas d'avis qu'il faille nécessairement souffrir pour évoluer, je pense que toutes ces épreuves, toutes ces souffrances avaient un sens et valaient la peine d'être vécues, car c'est aussi grâce à elles que j'ai changé. Elles sont la meilleure chose qui pouvait m'arriver, en m'épargnant une vie superficielle, une vie sans profondeur. Même si je cherche toujours ma voie, même si rien n'est parfait, même si je souffre encore, même si parfois je chute, même si je dois encore me réparer, je suis toujours là et serai encore plus fière de moi à chaque étape franchie. À l'instar de ce petit grain de sable qui pénètre par intrusion dans un coquillage et qui, progressivement, entouré de nacre, finit au fil du temps par devenir une perle, les traumatismes subis nous aident à changer, à nous transformer. Nietzsche disait ceci : « La force n'est pas statique, elle vient dans l'épreuve[44]. »

44 Friedrich Nietzsche, *Le Crépuscule des idoles* (GF-Flammarion, 1985).

Dans une société où tout est fait pour détourner notre attention de l'essentiel, où les rites d'initiation ont perdu leur fonction d'antan, il n'y a souvent que la crise pour nous réveiller, pour briser le voile de l'illusion, l'illusion d'être ce que nous sommes persuadés d'être. Cette idée d'accueillir la crise alors même que nous sommes au fond de l'abîme me semble, j'en conviens, tout à fait déplacée pour celui qui est alors en pleine tourmente. Pourtant, lorsqu'on regarde rétrospectivement les événements du passé, on se rend compte que ce sont les moments les plus douloureux et les personnes qui nous ont fait le plus souffrir qui nous ont en réalité le plus aidés et nous ont fait grandir. La propagation soudaine du coronavirus nous ramène à cela. L'humanité doit s'engager dans une introspection sincère et profonde pour se transformer rapidement.

Le courage d'être soi-même, c'est refuser de se laisser définir par les autres, y compris ses proches, accepter d'oser vivre sa propre vie, d'aller dans la direction qui est la sienne, et quitter le mode survie, cette dynamique d'auto-privations, voire d'auto-sabotage, quitte à être mal jugé, à paraître égoïste, à faire de la peine et décevoir. C'est une lutte quotidienne pour se réconcilier avec les possibles, pour suivre ses aspirations profondes, ses désirs en somme, pour naître à la vie !

Reconnaître sa véritable valeur, c'est quelque part accepter sa fragilité. Dans cet environnement compétitif et hyper-masculin de la haute montagne, qui prône avant tout la performance et où, tels des capitaux économiques engendrés, il faut toujours aller plus haut, plus loin, plus vite, quitte à mettre sa vie en danger et à en mourir, reconnaître ses faiblesses et les accepter relève véritablement du défi. Les perdants, et surtout les perdantes, n'ont pas leur place ! Nous devons à tout prix atteindre le sommet, être les premiers de ceci, ou les premiers de cela, cacher nos peurs, notre tristesse. C'est le reflet de notre société actuelle, où montrer nos fragilités, nos défauts, n'est pas bien perçu, et où il faut nécessairement être fort. Cela, de toute évidence, est une erreur, car on ne peut pas vivre constamment dans la performance et la toute-puissance, ne jamais se tromper, ne jamais douter. Une personne qui nie sa fragilité et masque sa tristesse finit par se détruire elle-même. C'est cette quête effrénée de la perfection qui conduisit Dhurba Sherpa à perdre la vie et certains à surjouer les gros bras et à critiquer, comme si, pour être plus fort, il fallait rabaisser les autres. Au contraire, reconnaître ses failles, ne pas les cacher et les assumer, c'est ce qui peut conduire à gagner plus de confiance en soi et ses capacités, ce qui peut permettre de se surpasser. C'est en m'appuyant sur mes propres fragilités, en ne cherchant pas à être parfaite et à atteindre le sommet coûte que coûte, que j'ai pu puiser en moi les ressources nécessaires pour faire face à la situation et surmonter les obstacles. Cela requiert d'établir une sorte d'inventaire, d'observer ce qui se passe en soi, ses émotions, quitte à se mettre un peu en retrait. Pour le neuropsychiatre Boris Cyrulnik, cette capacité à reconnaître sa fragilité est même un facteur essentiel de résilience. Nous naissons incomplets, sans la possibilité de nous déplacer, de nous nourrir, de nous couvrir, et très souvent nous mourons ainsi, impuissants face à l'inéluctabilité de la mort. Au sein du monde animal, nous sommes le plus vulnérable des animaux, car dans la dépendance la plus totale vis-à-vis de l'autre. Rejeter cette fragilité, qui est le fondement même de notre condition, relève donc de l'aveuglement et revient à rester seul avec sa force illusoire.

L'art du lâcher-prise

Quand je pense aux difficultés ayant marqué l'ascension, je me demande s'il y a des choses que j'aurais pu mieux faire, que j'aurais pu prévoir. Après réflexion, je pense avoir mis toutes les chances de mon côté et avoir fait le nécessaire pour que l'ascension se déroule bien. J'ai choisi consciencieusement mon sherpa, après l'avoir testé lors de l'ascension d'un 7000, il me semblait solide et enthousiaste ; au camp 2, j'ai vérifié que mon masque à oxygène fonctionnait correctement, du moins le masque qui était censé être le mien au départ ; je me suis efforcée tout au long de l'expédition d'adopter les bons automatismes pour bien attacher les crampons ; enfin, la météo du 23 mai était considérée comme l'une des meilleures possible. Cependant, malgré toutes les précautions prises, rien ne se passa comme prévu. Une agence me facturant trois fois le prix aurait-elle changé quelque chose à la tournure de l'expédition ? Je ne le pense pas. Même les meilleurs guides tombent malades, même les meilleurs grimpeurs voient leurs crampons dévisser, même les meilleurs experts météo peuvent se tromper. Quant au masque à oxygène, il aurait probablement fonctionné s'il n'y avait pas eu tous ces échanges de dernière minute au camp 3. Dans ce contexte, je ne crois pas qu'il y ait de bonnes et de mauvaises décisions. J'ai fait des choix à un moment donné, sans même pouvoir imaginer leurs conséquences. L'incertitude et l'insécurité sont indissociables de ce type de périple. On ne peut pas tout prévoir, on ne peut pas tout contrôler.

Face aux aléas de la vie, nous avons tendance à perdre notre calme, notre énergie, voire à culpabiliser, à fuir la réalité, et nous réfugier dans un passé révolu ou un futur idéalisé, totalement déconnecté du présent. C'est là qu'intervient le lâcher-prise, lorsque nous reconnaissons que nous avons fait tout ce qui était en notre pouvoir pour que les choses fonctionnent et que, pourtant, elles ne se passent pas comme prévu. Dans la mesure où nous ne pouvons plus agir sur les événements, que nous sommes impuissants face à eux, il ne sert à rien de s'agiter, les dés sont jetés. Accepter des situations qui ne peuvent pas être changées, les accueillir, s'abandonner à la vie en somme, c'est lâcher prise. Paradoxalement, c'est lorsqu'on cesse de vouloir tout contrôler, quand on vit pleinement le moment présent, que les choses se débloquent, que la confiance en soi et l'énergie refont surface. Lorsqu'on renonce à tout contrôler, des portes s'ouvrent, de nouvelles opportunités apparaissent. C'est en abandonnant l'idée d'atteindre le sommet malgré les multiples tentatives de trouver un masque en bon état, qu'une solution apparut finalement.

Si ce lâcher-prise semble relativement évident à première vue, il n'est pourtant pas chose aisée à mettre en pratique et nécessite un certain travail pour déconditionner le mental qui cherche à tout contrôler. Face à l'impossibilité de maîtriser tous les paramètres, il nous faut apprendre à composer avec nos limites, avec celles des autres. Loin d'être une résignation, ce lâcher-prise se veut actif, totalement ancré dans le présent, dans l'ouverture, pour faire face à l'imprévu, à ce qui est. Il nous permet de vivre plus sereinement et d'agir de manière juste, pleinement conscients de la réalité.

Une réconciliation avec la mort

Jusqu'à l'âge de vingt-cinq ans, je tenais la mort pour quelque chose d'improbable, de l'ordre de l'impossible, qui n'arrive qu'aux autres. Je pouvais méditer dessus, comme je le faisais par exemple à Bénarès, au Manikarnika Ghât, le lieu de crémation par excellence, où je passais des heures entières à regarder les cadavres brûler, mais sans me sentir véritablement concernée, car la mort restait à mes yeux quelque chose de théorique, d'abstrait, quand bien même il s'agit du phénomène le plus banal qui scelle le destin de nous tous sur cette terre. Dans l'un des passages du *Mahabharata*, Arjuna, héros de l'épopée, est interrogé sur la chose la plus extraordinaire qu'il ait jamais rencontrée. Il répondit : « L'homme voit partout la mort mais il pense qu'il ne mourra pas. » Nul ne s'y habitue vraiment et continue à vivre comme s'il était éternel. Comme l'écrit le philosophe Vladimir Jankélévitch : « Chaque mort étonne ou scandalise, comme si elle était la première[45]. » Edgar Morin, lui, écrit : « Aveugle naturellement à la mort, l'homme est sans cesse forcé de la réapprendre. Le traumatisme de la mort est précisément l'irruption de la mort réelle, de la conscience de la mort, au cœur de cette cécité[46]. »

---

45 Vladimir Jankélévitch, *La Mort* (Flammarion, 1977).
46 Edgar Morin, *L'Homme et la Mort* (Seuil, 1970).

Nous continuons ainsi à vivre avec cette forme d'inconscience, d'aveuglement, ou peut-être d'héroïsme, comme si la mort n'existait pas et ne pouvait pas nous atteindre. Il me fallut une hémorragie cérébrale en Inde pour comprendre que moi aussi, je suis soumise aux lois de la mort et que je n'y échapperai pas. Allongée sur le lit d'un hôpital indien, je dus me rendre à l'évidence : j'allais moi aussi mourir… et maintenant, à vingt-cinq ans.

Avec le temps, cependant, le cerveau efface les traumatismes et certaines choses liées à la mort. La veille de mon départ pour Lukla, début avril, alors que je pensais écrire une sorte de lettre testamentaire au cas où il m'arriverait quelque chose, je me résolus finalement à ne pas le faire. Est-ce la peur de vraiment mourir pendant l'expédition qui me freina ? Écrire une telle lettre signifiait reconnaître la possibilité que je puisse perdre la vie, chose que je ne voulais bien évidemment pas envisager. Freud dit avec justesse dans ses *Essais de psychanalyse* : « Dans son inconscient, chacun est persuadé de sa propre immortalité[47]. » Malgré mon passé, mon inconscient continue de me chuchoter : « Non, toi, tu ne mourras pas. »

Il me fallut cette ascension pour me réveiller à nouveau à cette conscience de la mort. Face aux dangers, aux événements tragiques, on est inévitablement amené à prendre conscience du caractère éphémère de l'existence, et donc en quelque sorte, à anticiper sa propre mort, à s'y préparer. C'est comme une mort au monde, une mort à soi-même. Une partie de moi, étrangement, eut l'impression

47 Sigmund Freud, *Essais de psychanalyse*, « Considérations actuelles sur la guerre et sur la mort » (Payot, 1927).

de revivre mon expérience de mort imminente quelques années plus tôt en Inde. La peur de la mort, la peur de quitter les êtres que j'aime, la peur de la séparation, la peur de l'inconnu.

Pour les grimpeurs, ou ceux qui méditent, chaque jour est ainsi une façon de mourir. Méditer sur la mort conduit à la rendre inoffensive, et aide quelque part à la conquérir. Cela nous renvoie à la notion d'impermanence dans le bouddhisme, au fait que la mort est imminente, qu'elle peut survenir à tout moment et que tout est transitoire. Lorsque nous nous rappelons, par exemple, que ce célèbre alpiniste était et n'est plus, cela nous ramène à notre propre mort. Être prêt à affronter les rigueurs d'un tel périple revient essentiellement à entreprendre un voyage au-delà de la mort, la mort de l'ego. Dans ce voyage, l'alpiniste doit nourrir une confiance inébranlable en son guide intérieur afin que ce passage s'opère avec succès car, dans son esprit, la mort de l'ego s'assimile à la mort physique. Elle nous oblige à renoncer à toutes les croyances qui nourrissent l'image que nous nous efforçons d'avoir de nous-mêmes.

Saint Benoît recommandait aux moines de garder le souvenir constant de l'omniprésence de la mort, *mortem cotidie ante oculos suspectam habere*, ou le *memento mori*, « souviens-toi que tu es mortel ». Le rappel permanent de la mort constitue une sorte de préparation à la naissance, à un mode d'être supérieur, à la vie spirituelle. La Bible nous dit : « Apprends à mourir pour que tu puisses commencer à vivre », et le Coran : « Meurs avant l'heure de ton trépas. »

Mais la mort n'est-elle pas une illusion ? Ma Anandamayi dit ceci : « Au niveau où il n'y a plus que le Soi, la question de naissance et de mort ne se pose plus. Qui naît ? Qui meurt ? Tout est l'Un[48]. » Ceci rejoint les propos de la *Bhagavad Gita*, qui affirme également l'indestructibilité de l'Un, du Soi, qui est éternel : « Nul ne naît, ni ne meurt, ni nul ne cesse d'être. Non né, permanent, éternel, l'Ancien (le Soi) n'est pas tué quand son corps l'est[49]. » C'est notre identification au corps, au mental, qui nous fait souffrir. Cette ascension, ainsi, je la vois comme un moyen de libération, une victoire sur la mort.

Étrangement, si je calcule le nombre de jours qu'a duré mon expédition, à savoir du 8 avril au 27 mai (retour à Katmandou), j'arrive à un total de quarante-neuf jours, le temps nécessaire au défunt pour passer d'une existence à l'autre, de la mort à la renaissance, selon le *Bardo Thödol*, *Le Livre tibétain de la vie et de la mort*. Au cours de ces quarante-neuf jours après la mort, le *Bardo Thödol* (*Bardo* signifiant « état intermédiaire », *thö* « entendre », et *dol* « libérer ») décrit les différents états de conscience par lesquels le défunt passe. La récitation du *Bardo Thödol* par un lama, peu avant ou après la mort, vise à rassurer l'esprit du défunt, à lui faire comprendre que ses visions n'émanent que de son propre esprit, l'incitant à préférer les luminosités brillantes associées à la sagesse des bouddhas, et cherche à le conduire à la libération du cycle des renaissances (*samsara*), ou du moins à l'obtention d'une meilleure réincarnation. Symboliquement, j'apprécie ce clin d'œil de la vie, qui me montre une fois de plus que tout est parfait, jusque dans les moindres détails, même si les choses peuvent parfois sembler chaotiques.

---

48 *L'Enseignement de Mâ Ananda Moyî*, traduction de Josette Herbert (Albin Michel, 1980).
49 *La Bhagavad Gîtâ*, traduction de Guy Deleury (Imprimerie Nationale, 1992).

J'aimerais pouvoir affirmer à la fin de cette expédition que je me suis libérée du cycle des réincarnations, que je suis pure comme la lumière et n'ai plus besoin de me réincarner dans un corps qui me fera souffrir et connaître les misères de ce monde ; qu'en somme, je suis libre ! Mais, tant s'en faut, même si j'ai certainement brûlé beaucoup de *karma*, tout comme de calories, lors de cette expédition qui s'est avérée être un véritable parcours du combattant, même si beaucoup de mes illusions sont tombées, je ne suis toujours pas libre du cycle des renaissances et je continue bel et bien à souffrir !

Vivre ce voyage a été pour moi une forme de renoncement, à tous les niveaux : renoncement au confort d'un chez soi ; renoncement à l'idée d'atteindre le sommet ; renoncement à l'idée que j'avais d'une expédition ; renoncement à l'idée que j'avais de moi-même, etc. Renoncer exige nécessairement un certain sacrifice et l'acceptation de l'incertitude et de l'insécurité pour que notre vraie nature puisse se révéler et que nous puissions avancer sur notre chemin. Il nous faut lâcher des aspects de notre vie pour nous détacher des conditionnements sociaux et familiaux et aller de l'avant. C'est le prix à payer pour être en harmonie avec ce que nous sommes. Ces renoncements nécessaires ne se font pas sans douleur. Ils viennent nous secouer, dégager le superflu de notre vie, nous sortir de nos retranchements pour nous placer dans une nouvelle énergie. En réalité, il n'y a pas de bonheur ni de vraie joie sans renoncement.

GLOSSAIRE

Ashram : institution où résident le gourou et sa communauté.
Chörten : nom tibétain du stupa.
Darshan : vision d'un sage, d'une divinité.
Dharma : l'« ordre du monde », ensemble des lois traditionnelles de l'hindouisme classique. Dans le bouddhisme, la nature de la réalité considérée comme une vérité universelle enseignée par le Bouddha ; l'enseignement du bouddhisme.
Dorje : symbole de la foudre utilisé dans l'art et la magie rituelle au Tibet.
Gompa : terme tibétain désignant un monastère bouddhiste.
Jhuta : littéralement ce qui est sale, impur. Désigne les règles traditionnelles de pureté.
Karma : action, résultat de l'action ; loi de cause à effet.
Khata : l'écharpe blanche qui est remise aux dignitaires tibétains, ecclésiastiques et laïcs, lors d'occasions officielles.
Kora : mot tibétain qui signifie « circumambulation » ou « révolution ». La kora est à la fois un type de pèlerinage et une sorte de pratique méditative dans les traditions bouddhistes tibétaines ou bön.
Lama : dans le bouddhisme tibétain, enseignant religieux ou personne qui occupe un poste d'autorité dans une communauté monastique.
Lila : le jeu de Dieu.

Mani : pierres gravées de l'invocation sacrée Om Mani Padme Hum, que l'on trouve soit empilées à des points clés comme un col ou au pied des chörtens, soit intégrées dans un mur de mani à l'entrée d'un village.

Mantra : paroles sacrées.

Mudras : gestes ou poses symboliques ou rituelles dans l'hindouisme, le jaïnisme et le bouddhisme ; la plupart sont exécutés avec les mains et les doigts.

Puja : « adoration » ; cérémonie rituelle dans l'hindouisme, le bouddhisme et le jaïnisme.

Rinpoché : terme honorifique dans la langue tibétaine, signifiant « précieux ». Le mot est utilisé dans le contexte du bouddhisme tibétain pour montrer du respect lorsqu'on s'adresse à des personnes reconnues comme réincarnées, plus âgées, respectées, notables, savantes et/ou des lamas ou des maîtres du Dharma accomplis. Il est également utilisé comme un honneur pour les abbés des monastères.

Samadhi : terme technique yogique qui désigne la forme la plus élevée du recueillement mystique.¬ Samadhi désigne également la tombe d'un renonçant.

Samsara : ronde indéfinie des morts et des renaissances.

Sangha : communauté religieuse.

Stupa : monument en forme de dôme utilisé comme reliquaire ou sanctuaire commémoratif bouddhiste ou jaïniste.

Swami : membre d'un ordre religieux hindou.

Torma : figure faite principalement de farine et de beurre, utilisée dans les rituels tantriques ou comme offrande dans le bouddhisme tibétain.

BIBLIOGRAPHIE

- Asselin, Jean-Michel. *On ne vit pas au sommet* (Pocket, 2019).
- Aymard, Orianne. *When a Goddess Dies: Worshipping Ma Anandamayi after Her Death* (Oxford University Press, 2014).
- Béghin, Pierre. *Les Cinq Trésors de la Grande Neige* (Arthaud, 1985).
- Bradey, Lydia. *On ne m'a pas volé l'Everest* (Guérin, 2020).
- Child, Greg. *Thin Air. Encounters in the Himalayas* (Mountaineers, 1998).
- Clément, Catherine et Kakar, Sudhir. *La Folle et le Saint* (Seuil, 1993).
- Daudet, Lionel. *La Montagne intérieure* (Grasset, 2004).
- David-Néel, Alexandra. *Mystiques et Magiciens du Tibet* (Plon, 1980).
- Deavoll, Pat. *Wind from a Distant Summit* (Potton & Burton, 2011).
- Deleury, Guy (trad.). *La Bhagavad Gîtâ* (Imprimerie Nationale, 1992).
- Dendoune, Nadir. *Un tocard sur le toit du monde* (Pocket, 2016).
- Duyck, Alexandre. Chantal Mauduit. *Elle grimpait sur les nuages* (Guérin, 2016).
- Eliade, Mircea. *Le Chamanisme et les techniques archaïques de l'extase* (Payot, 2015).

- Eliade, Mircea. *Le Yoga. Immortalité et liberté* (Payot, 1983).
- Freud, Sigmund. *Essais de psychanalyse, « Considérations actuelles sur la guerre et sur la mort »* (Payot, 1927).
- Geiger, John. *L'Ami invisible* (J.-C. Lattès, 2012).
- Habeler, Peter. *Everest: Impossible Victory* (Sphere Books, 1979).
- Habeler, Peter. *The Lonely Victory* (Simon and Schuster, 1979).
- Herbert Josette (trad.). *L'Enseignement de Mâ Ananda Moyî* (Albin Michel, 1980).
- Herzog, Félicité. *Un héros* (Grasset, 2012).
- Jankélévitch, Vladimir. *La Mort* (Flammarion, 1977).
- Jordan, Jennifer. *Savage Summit: The True Stories of the First Five Women Who Climbed K2, the World's Most Feared Mountain* (William Morrow, 2005).
- Kornfield, Jack. *After the Ecstasy, the Laundry* (Bantam, 2001) / *Après l'extase, la lessive* (Pocket, 2010).
- Krakauer, Jon. *Tragédie à l'Everest* (Presses de la Cité, 2009).
- Lanzmann, Jacques. *Le Fils de l'Himalaya* (Ramsay, 1997).
- Messner, Reinhold. *Everest sans oxygène* (Arthaud, 1979).
- Messner, Reinhold. *La Montagne nue* (Guérin, 2003).
- Messner, Reinhold. *Yeti, du mythe à la réalité* (Glénat, 2000).
- Morin, Edgar. *L'Homme et la Mort* (Seuil, 1970).
- Mummery, Albert Frederick. *Mes escalades dans les Alpes et le Caucase* (Lucien Laveur Éditeur, 1903).
- Nietzsche, Friedrich. *Le Crépuscule des idoles* (GF-Flammarion, 1985).
- Otto, Rudolf. *Le Sacré* (Payot, 2001).

- Raineri, Rodrigo et Schelp, Diogo. *No Teto do Mundo* (Leya, 2012).
- Rambaud, Micheline. *Voyage sans retour* (Éditions du Mont-Blanc, 2021).
- Reverzy, Catherine. *Femmes d'aventure. Du rêve à la réalisation de soi* (Odile Jacob, 2001).
- Revol, Élisabeth. *Vivre. Ma tragédie au Nanga Parbat* (Arthaud, 2019).
- Terray, Lionel. *Les Conquérants de l'inutile* (Gallimard, 1961).
- Thiriez, Frédéric. *Marc Batard, fils de l'Everest* (First, 2017).
- Weathers, Beck. *Laissé pour mort à l'Everest* (Glénat, 2015).

L'AUTRICE

Tour à tour diplomate, humanitaire, chercheure, enseignante à l'université, auteure et conférencière, Orianne Aymard a déjà eu plusieurs vies. Le fil conducteur de ses expériences est l'aide à l'autre, l'attrait pour le voyage et les hauts sommets, une recherche intérieure aussi.

Par son parcours singulier, Orianne a vécu dans de nombreux pays, notamment dans le cadre de ses missions au Comité international de la Croix-Rouge (CICR) en Afrique, où elle promeut le droit international humanitaire auprès des militaires et visite les prisons, mais aussi en Haïti en pleine urgence post-séisme, où elle est alors responsable des zones considérées comme les plus dangereuses de l'hémisphère nord, comme Cité Soleil, théâtre d'affrontement entre les gangs armés et les forces de sécurité.

Orianne a également travaillé plusieurs années au Ministère français de l'Europe et des Affaires étrangères, spécialement au Centre d'Analyse, où elle est responsable des questions religieuses et de radicalisation lors des attentats en France en 2015, ainsi qu'au Centre de Crise, en charge, entre autres, des dossiers « droits de l'homme » .

Elle est, par ailleurs, détentrice d'un Doctorat (Ph.D. en sciences des religions) de l'Université du Québec à Montréal et a été chercheure invitée à la School of International and Public

Affairs de l'Université Columbia, ainsi qu'associée de recherche à l'Initiative humanitaire de Harvard. Elle est l'auteure de *When a Goddess Dies*, publié par Oxford University Press à New York.

Elle donne aujourd'hui des conférences relatives à son ascension du Lhotse auprès de diverses institutions telles que HEC, ainsi qu'au monde de l'entreprise. Elle y raconte, en toute simplicité et de manière authentique, ses audaces, ses victoires et ses doutes, et livre les étapes clés qui l'ont conduite au sommet.

Orianne vit actuellement à Chamonix où elle a passé, enfant et adolescente, de nombreuses vacances, et où elle a découvert, relativement tardivement, l'alpinisme avec l'ascension de son tout premier sommet, le mont Blanc, à l'âge de 33 ans. Sept ans plus tard, elle découvre l'himalayisme en grimpant son deuxième sommet, l'Himlung (7 126m), au Népal, puis le Lhotse (8 516m).

DANS LA MÊME COLLECTION

- *Voler l'Everest,* RUTH HANSON, 2012
- *Les Mystères de l'Everest,* MICHAEL WARD, 2013
- *Le Choix du vide,* STEPH DAVIS, 2013
- *Décroche-moi une étoile,* MIRIAM GARCIA PASCUAL, 2014
- *Trois Tasses de mensonges*, JON KRAKAUER, 2014
- *Everest, la première ascension,* HARRIET TUCKEY, 2014
- *High Crimes,* MICHAEL KODAS, 2015
- *Les Tribulations de Mick et Vic en Himalaya,* MICK FOWLER & VICTOR SAUNDERS, 2015
- *Piégés sur le K2*, GRAHAM BOWLEY, 2017
- *Cerro Torre,* KELLY CORDES, 2017
- *Pourquoi nous aimons gravir les montagnes,* MARCO TROUSSIER, 2017
- *Chamonix-Langtang*, PIERRE PILI, 2018
- *Je ne te ferai pas attendre*, NIVES MEROI, 2018
- *Les Transitions silencieuses*, JUANJO SAN SEBASTIAN, 2018
- *Jacques Balmat. Les ultimes traces d'un chercheur d'or,* DANIEL GRÉVOZ, 2018
- *Le Ciel pour linceul*, PETER ZUCKERMAN & AMANDA PADOAN, 2018
- *La Première Ascension de l'Ogre*, DOUG SCOTT, 2018
- *La Garet, nous voilà,* JACQUES RAMOUILLET, 2018
- *Puncak Jaya,* JEAN FABRE, 2018
- *Eiger extrême*, PETER & LENI GILMAN, 2019
- *L'Homme des tempêtes*, VINCENT LAPOUGE, 2019
- *Le Père des glaciers,* FRANÇOISE CADOUX, 2019
- *Ici Elvira, vous m'entendez ?* LINDA COTTINO, 2020

- *Nous étions immortels,* MAURIZIO ZANOLLA, 2020
- *Paul Preuss, le seigneur des abîmes,* DAVID SMART, 2020
- *Le Guide et le Procureur,* JACQUES DALLEST, ERIK DECAMP ET ALEXIS MALLON, 2020
- *L'Apprentissage du risque,* DANIEL GRÉVOZ, 2020
- *Toujours y croire,* DIERDRE WOLOWNICK, 2020
- *Everest, l'arête ouest,* THOMAS F. HORNBEIN, 2021
- *Cheminements,* MICHEL ZALIO, 2021
- *Le Pari fou de Jules Janssen,* DANIEL GRÉVOZ, 2021
- *La Bataille du Cervin,* PIETRO CRIVELLARO, 2021
- *Les Messagers de la Couronne,* JAN MORRIS, 2021
- *Les quatorze 8000 en hiver,* BERNADETTE MCDONALD, 2021
- *Voyage sans retour,* MICHELINE RAMBAUD, 2021

numérique
Impression & brochage - France
Numéro d'impression : N24132220101 - Achevé d'imprimer : janvier 2022
IMPRIM'VERT®
PEFC™ 10-31-3532 / Certifié PEFC / Ce produit est issu de forêts gérées durablement et de sources contrôlées. / pefc-france.org